Die Geschichte der
Lufthansa

Die viermotorige Focke-Wulf Fw 200 „Condor" flog Ende der dreißiger Jahre für die Lufthansa.

Helmut Trunz

Die Geschichte der Lufthansa

Luftfahrtlegende seit 1926

Die Convair CV 440 Metropolitan wurde in den fünfziger
Jahren auf innerdeutschen
und europäischen Strecken
eingesetzt.

Unser komplettes Programm:

www.geramond.de

Produktmanagement: Michael Dörflinger

Layout: imprint, Ilona Külen, Zusmarshausen
Repro: Cromika s.a.s., Verona
Herstellung: Thomas Fischer
Printed in Italy by Printer Trento

Umschlagabbildungen
Vorderseite:
Deutsche Lufthansa AG
Rückseite:
Deutsche Lufthansa AG

GeraMond Verlag
Lektorat
Postfach 80 02 40
D-81602 München
e-mail: lektorat@geramond.de

Die Deutsche Nationalbibliothek – CIP-Einheitsaufnahme
Ein Titeldatensatz für diese Publikation ist bei der
Deutschen Nationalbibliothek erhältlich.

© 2008 GeraMond Verlag GmbH, München
ISBN 978-3-7654-7050-9

Vorwort

Die Geschichte der Lufthansa ist auch die Geschichte der zivilen Luftfahrt in Deutschland. Die Restriktionen des Versailler Vertrages führten in der Weimarer Republik zu einem enormen Aufschwung beim Bau von Zivilflugzeugen, denn der Bau von Militärmaschinen war jetzt verboten. Durch den Weltkrieg aber hatte sich ein Know-how angesammelt, das genutzt werden wollte. Und so bauten die Dornier, Junkers, Heinkel und andere eben Verkehrsflugzeuge – zuerst mit beschränkten Leistungen oder in ausländischen Werken, nach Aufhebung der Limitierungen ab 1926 auch im Lande selbst. Da die Lufthansa und ihre Vorgängergesellschaften zu den ersten Unternehmen gehörten, die den Flugverkehr als Dienstleistung gegen Entgelt systematisch betrieben und seine Grenzen ständig erweiterten, lässt sich an ihrer Entwicklung das Fortschreiten des gesamten zivilen Luftverkehrs von den Anfängen bis heute ablesen. Trotz mancher Rückschläge hat es die Lufthansa immer verstanden, ihre führende Rolle in der Luftfahrt zu behaupten. Dieses Buch zeichnet den Weg der erfolgreichsten Airline Deutschlands mit vielen einzigartigen Fotografien nach.

Angenehme Lektüre!

Helmut Trunz im November 2007

*Mein besonderer Dank geht an Frau Piroth
und Herrn Willbold von der EADS, an Frau Friedl
und die Herren Jung und Bewersdorf von der
Deutschen Lufthansa, an Bert Hartmann,
Mannheim, an Herrn Beeg und das Sekretariat
Technik-Museum Hugo Junkers Dessau und
Askania Berlin, ohne deren Unterstützung die
Arbeit weitaus schwieriger gewesen wäre.*

Helmut Trunz im August 2007

Blick in die Zukunft: Der
Airbus A380 soll in den
kommenden Jahren bis zu
555 Fluggäste befördern.

Inhalt

Die Lufthansa
Pionier des zivilen Luftverkehrs

Dicht gedrängt verfolgen die „Bremen"-Passagiere ge-
spannt das sensationelle Ereignis: Das Heinkel-Katapult
schießt eine Heinkel He 12 Richtung USA in die Luft. Bald
übernimmt die leistungsstärkere He 58, eine Weiterentwicklung, die Aufgaben der He 12.

Die frühen Jahre

Subventionsdschungel 1926 – Berlin greift ein

Am Beginn der ersten Luft Hansa standen Inflation, Subventionen und die diffizilen Verhältnisse der Weimarer Republik, die auf vielen Politikfeldern einen schwankenden Kurs fuhr und sich in einer permanenten wirtschaftlichen und gesellschaftlichen Krisensituation befand – und immer am Rande des finanziellen Abgrundes stand.

In den frühen zwanziger Jahren gab es eine große Zahl von Flugunternehmen. Alle waren sie Kostgänger des ständig überstrapazierten Staatshaushaltes, denn der Luftverkehr war erwünscht und wurde dementsprechend gefördert. Doch die Regierung sah sich mehr und mehr außerstande, all diese am Staatstropf hängenden Firmen am Leben zu erhalten. Hier musste dringend eine Bereinigung stattfinden und die unwirtschaftliche Verschwendung knappen Geldes schnellstens aufhören.

„Deregulierung" à la Weimar

Unter Mitwirkung der Reichsregierung und der Länder kam es zur grundlegenden Neuordnung im deutschen Luftverkehr. Die beiden bedeutendsten Konkurrenten, die sich bisher bis aufs Messer bekämpft hatten, sollten – so die treibende Kraft Major a. D. Dr. Ernst Brandenburg, Leiter der Luftfahrtabteilung im Verkehrsministerium – fusionieren. Auf der einen Seite stand der durchaus erfolgreiche Ableger der Junkers-Werke, die Junkers Luftverkehr A.G. (ILAG), die eine führende Rolle im damaligen Weltluftverkehr spielte. Da sich Junkers durch sein defizitäres Russland-Engagement unter wirtschaftlichem Druck befand, musste er in diesen erzwungenen Zusammenschluss einwilligen. Zweiter großer Partner der Firmenehe sollte die Deutsche Aero Lloyd AG werden, hinter der Banken, Industrieunternehmen, Handelsgesellschaften und Reedereien standen. Die Reichsregierung, die 80 % der Junkers Luftverkehr Aktien übernommen hatte, setzte die völlige Streichung der Subventionen als Druckmittel ein und so trafen sich am 6. Januar 1926 die Verhandlungspartner im noblen Hotel „Kaiserhof" am Wilhelmplatz in Berlin. Den Vorsitz führte der Generaldirektor Schwab von der Rheinischen Bahn AG.

Am 18. Januar wurde die neu gegründete Deutsche Luft Hansa A.G. in das Berliner Handelsregister eingetragen – Aufsichtsratsvorsitzender wurde Dr. Emil Georg von Stauß aus dem Vorstand der Deutschen Bank. Erhard Milch, ein von Junkers gekommener Manager, war einer der drei Vorstandsmitglieder und für Technik und Flugbetrieb zuständig. Ihm stand eine steile Karriere bevor. Erster Schritt auf dem Weg zur rationellen Unternehmensführung war, mit der Typenvielfalt von 19 Modellen unterschiedlicher Herkunft und unterschiedlichen Jahrgangs Schluss zu machen. Doch das sollte noch einige Zeit brauchen.

Da das Reich, mit einem Aktienanteil von 26 % an der neuen Gesellschaft beteiligt, von jetzt an nur noch ein einziges Luftverkehrsunternehmen durch Subventionen begünstigt, dominierte die Luft Hansa A. G. (ab 30. Juni 1933 umfirmiert in „Deutsche Lufthansa

Aero-Lloyd

Am Anfang steht eine Initiative der AEG, jenes weit verzweigten Elektro-Konzerns, den Emil Rathenau 1883 gegründet hatte. Diese erweiterte ihre Aktivitäten auf ein neues Geschäftsfeld, als sie 1917, zwei Jahre nach dem Tod ihres Gründers, die „Deutsche Luftreederei GmbH" (DLR) ins Leben rief. Diese erste Fluggesellschaft der Welt erhielt am 8. Januar 1919 die Zulassung zum zivilen Luftverkehr. Die DLR beförderte Zeitungen und Post, dann auch Passagiere und schließlich bot sie auch Rundflüge über deutschen Städten an. Mit den Propaganda- und Postflügen der DLR und den Flügen zur Weimarer Nationalversammlung begann der Liniendienst in Deutschland. Die Deutsche Luftreederei ist Gründungsmitglied der IATA, der „International Air Traffic Association", in der bis heute die großen Fluglinien ihre Aktivitäten abstimmen und koordinieren. Ende August 1919 nahm die IATA im holländischen Den Haag ihre Arbeit auf. Am 26. Mai 1920 registrierte die DLR ihren einmillionsten Flugkilometer. Im April 1921 gründeten AEG, Hapag und Luftschiffbau Zeppelin in Berlin eine Holdinggesellschaft, die Aero Union AG, in deren Eigentum die DLR überging. Aero Union und die russische Handelsvertretung in Berlin schlossen im November des gleichen Jahres einen Vertrag über die Gründung der Deutsch-Russischen Luftverkehrsgesellschaft Deruluft. Die Deruluft eröffnete im Mai 1922 den Flugdienst zwischen Königsberg und Moskau. Im Februar 1923 ging aus Aero Union AG und Lloyd Luftdienst GmbH eine neue Gesellschaft hervor, die Deutsche Aero Lloyd AG (DAL).

Drei Pionierleistungen der DAL seien erwähnt. Das junge Unternehmen begann etwa zeitgleich mit Junkers mit ersten Nachtflug-Versuchen, die sie auf der Strecke Berlin – Stockholm und Berlin – Stettin – Kopenhagen durchführte. Die Deutsche Aero Lloyd war auch gemeinsam mit der 1919 unter deutscher Beteiligung in Kolumbien gegründeten SCADTA („Sociedad Colombo-Alemana de Transportos Aéreos") Initiator des Condor-Syndikates, das im Mai 1924 mit den Untersuchungen zur Einführung eines Flugverkehrs mit See-Großflugzeugen in Südamerika begann. Eine weitere Pionierleistung erbrachte die DAL, als am 15. April 1925 eine Dornier Komet III als erstes Passagierflugzeug die Alpen auf dem Weg von München nach Mailand zur Mailänder Messe überquerte.

Aktiengesellschaft") nun den nationalen Luftverkehr. Unübersehbare Hinterlassenschaften der beiden Gründungsfirmen der Luft Hansa finden sich noch immer – von der Aero Lloyd übernahm man den von Prof. Otto Firle entworfenen Kranich, die Junkers Luftverkehr AG steuerte die bis heute gültigen Hausfarben blau und gelb hinzu. Das neue Unternehmen nimmt den Flugverkehr erstmalig am 6. April des Jahres auf acht Strecken auf.

Die Luft Hansa beschreitet neue Wege – Pionierleistung „Nachtflug"

Im Jahre 1926 erblickte nicht nur die neue Luft Hansa A.G. das Licht der Welt – das Jahr war auch in anderer Hinsicht für die weitere Entwicklung der nationalen und internationalen Luftfahrt von Bedeutung: Am 5. Mai 1926 fielen die auf das Bauverbot mit dem „Londoner Ultimatum" vom 5. Mai 1921 folgenden „Begriffsbestimmungen" vom Juli 1922 (Folgen des Versailler

Junkers G 23/24, 2 Flugzeugführer, 9 Fluggäste, 3x Junkers L 5-Motor mit je 310 PS, Erstflug Oktober 1924, 170 km/h (Leistungs- und Geschwindigkeitsangaben variieren je nach Baujahr).

Vertrages), die bisher den Bau größerer Flugzeuge im Reich untersagt und die deutsche Flugzeugindustrie in das Exil gezwungen hatten. Und auf der „Großen Deutschen Funkausstellung" des Jahres in Berlin war der drahtlose Funksprechverkehr zwischen einer Bodenstation und einem Flugzeug eine der viel beachteten Attraktionen.

Die neue Luft Hansa begann Zeichen zu setzen: Am 1. Mai 1926 startete eine dreimotorige Junkers G 24 mit drei Besatzungsmitgliedern und neun Passagieren zum Flug Berlin – Königsberg. Es war eine Weltpremiere, denn der Abflug erfolgte um 2 Uhr morgens, Auftakt zur ersten Passagiernachtstrecke der Welt. Für den Luftverkehr eröffneten sich mit dem Nachtflugbetrieb ganz entscheidende neue und weitreichende Perspektiven. Die

Piloten orientierten sich an einer Lichterkette, die den Weg nach Nordosten wies. Alle 25–30 km ein Drehscheinwerfer, dazwischen im Abstand von vier bis fünf Kilometern Neonlampen oder Gasbaken. Auch bei schlechter Witterung erlaubten die auf Masten oder Hausgiebeln montierten Leuchtzeichen eine sichere Navigation. Die Maschine selbst verfügte über beleuchtete Cockpit-Instrumente, Scheinwerfer und Lichter an den Tragflächen. Der Bordfunk steckte noch in den Kinderschuhen. Erster Nachtflugleiter der Luft Hansa war der Pour-le-Mérite-Flieger Hermann Köhl. Er sollte schon bald ins Rampenlicht der Öffentlichkeit treten. In den Jahren von 1926 bis 1928 absolvierten Flugzeuge der Luft Hansa nahezu 500.000 Nachtflugkilometer. Das Unternehmen beschäftigte 1926 insgesamt 1.500 Personen.

Ein neues Zeitalter im Luftverkehr ist eröffnet – die Junkers F 13

Mit der Junkers F 13 stand der Luft Hansa von Beginn an eines der modernsten Passagierflugzeuge der Zeit zur Verfügung. Sie hatte Höhen- und Dauerflugrekorde aufgestellt, verfügte über eine zugfreie und beheizbare Kabine mit Sitzgurten und breiten Fenstern. Die F 13 war ein Ganzmetall-Tiefdecker und mit ihrer Konzeption bis heute richtungweisend. Und sie besaß schon bald ein weiteres, für die Verkehrsfliegerei entscheidendes Merkmal: das Doppelsteuer.

Fusion und Partner

Der Luftfahrtpionier Prof. Hugo Junkers, dessen erstes Ganzmetall-Verkehrsflugzeug F 13 eine Revolution im Flugzeugbau darstellt (Erstzulassung 12. Juni 1919), setzte auch als Unternehmer Zeichen: Auf der Suche nach Absatzmärkten für seine Flugzeuge kam er auf den Gedanken, den Bedarf an Verkehrsflugzeugen durch das Angebot neuer Strecken zu fördern. Seine unternehmerischen Aktivitäten begannen mit dem Einstieg in die Lloyd Ostflug GmbH im Jahre 1920. Ab dem Frühjahr 1921 beförderten Junkers F 13 Fluggäste auf der Strecke Berlin – Königsberg. Bald darauf entstand in den Junkers-Werken die „Abteilung Luftverkehr". Am 13. August 1924 wurde aus diversen Kooperationen und der „Abteilung Luftverkehr" der Junkers AG die „Junkers Luftverkehr A.G." (ILAG) mit zwei Millionen Mark Grundkapital. Diese ILAG begann schon nach

einer Woche mit Junkers-Flugzeugen regelmäßige Nachtpostflüge von Berlin nach Stockholm.

Das Streckennetz der Junkers Luftverkehr expandierte durch ausländische Partnergesellschaften vor allem in Richtung Nord- und Osteuropa. Junkers suchte neue Partner für seine ILAG auch im Süden und plante bereits eine „Europa-Union", die durch Beteiligungen und Fusionen unter Junkers' Führung entstehen sollte. Nach Junkers' Werks-Statistiken bestritten im Jahre 1925 Junkers-Flugzeuge rund 40 % des gesamten Weltluftverkehrs. Doch einen weiteren Alleingang des Dessauer Professors ließ die Reichsregierung nicht mehr zu. Im Januar 1926 kam es zur Fusion zwischen ILAG, Deutscher Aero Lloyd A.G. und der 1925 gegründeten Aero Hansa A.G. So entstand die Deutsche Luft Hansa A.G. und wurde am 18. Januar 1926 in das Berliner Handelsregister eingetragen.

Professor Hugo Junkers 1859 – 1935 machte Dessau zu einer der ersten Adressen im Weltluftverkehr.

Deruluft

Bereits im November 1921 schlossen Aero Union und die russische Handelsvertretung in Berlin einen Vertrag über die Gründung der deutsch-russischen Luftverkehrsgesellschaft „Deruluft". Im Mai 1922 nahm diese Gesellschaft mit gemischt deutsch-russischen Besatzungen den Verkehr zwischen Königsberg und Moskau auf. Die neue Luft Hansa übernahm die Anteile der DAL an der „Deruluft" und hielt jetzt 50 % an der Gesellschaft. Im Juni 1928 wurde die Strecke Berlin – Danzig – Königsberg – Riga – Reval – St. Petersburg eröffnet. Das Flugzeug verkürzte die Reisezeiten um Tage. 1937 übernahm die Lufthansa die Strecken, die „Deruluft" wurde liquidiert.

Dornier Merkur der „Deruluft" 1927 in Königsberg. Die Merkur war eine Weiterentwicklung der Komet III mit höherer Passagierkapazität und einem BMW-Motor mit 460/600 PS.

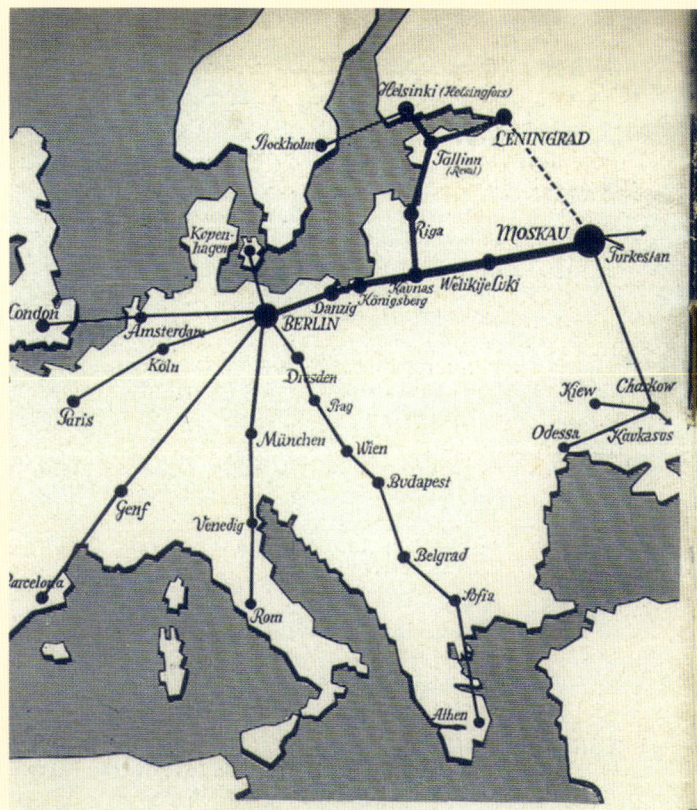

BRIDGING EAST AND WEST

Besides others, the following cities can be reached from Moscow, Leningrad or Helsingfors within **one day** by airplane: Berlin, Paris, London, Amsterdam, Brussels, Copenhagen, Hamburg, Bremen, Essen, Cologne, Frankfort on the Main, Munich, Dresden, Breslau.

DERULUFT, German Russian Air Lines
Member of the International Air Traffic Association

Executive Offices: Berlin SW 68, Lindenstr. 35, Tel. Dönhoff (A 7) 4661
Moscow, Leningradskoe Chaussee 55 a
Tel. Autom. D 1-75-68

For further particulars apply to:

Flugplan des IATA-Mitgliedes „Deruluft" von 1936

This time table cancels previous editions

Printed in Germany

DERULUFT

Time Table

BERLIN
MOSCOW
LENINGRAD
1/5-3/10 1936

Junkers F 13 mit Schwimmern
beim Start aus dem Wasser

Deruluft-Flugplan von 1926 mit ab
September 1926 erweiterter
Strecke Berlin – Moskau. 1928
kommt eine zusätzliche Verbindung nach St. Petersburg hinzu.

Auch die „Deruluft" setzte Junkers F 13 ein

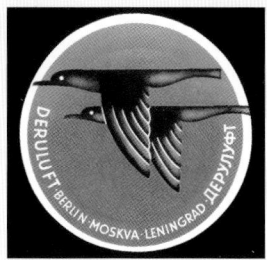

Gepäckaufkleber der
„Deruluft"

Ab 1. Mai 1927 führte die
Moskauroute über Danzig.

Ju 52 der „Deruluft" um 1936
auf dem Flughafen Riga

Flugzeuge vom Typ Dornier
Merkur bildeten Ende der
zwanziger Jahre das Rückgrat
der Deruluft-Flotte.

Hochdecker Fokker F III der Deruluft im Flug über die litauischen Sümpfe

Noch einmal die einmotorige Fokker F III der Deruluft; Fokker-Flugzeuge gehörten zur Erstausstattung der Fluglinie.

Junkers-Doppelsteuer, hier in der Ozeanbezwingerin Junkers W 33

Das Doppelsteuer

Schon bei der F 13 baute Junkers das Doppelsteuer ein, die bis heute in Verkehrsflugzeugen übliche Auslegung. Damit war es nun möglich, dass sich die Piloten auf langen Strecken abwechseln konnten. Zudem brachte das Doppelsteuer ein wichtiges Sicherheitsplus für die zivile Luftfahrt. Auch für die Pilotenausbildung in der Praxis war es ein wichtiger Fortschritt. Bereits in der Weiterentwicklung der F 13, der Junkers W 33, setzte die Luft Hansa das Doppelsteuer für die Schulung ein. Am 13. April 1927 überquerte als erstes Luft-Hansa-Flugzeug eine dreimotorige Rohrbach Roland die Alpen auf dem Weg zur Mailänder Messe und zurück nach München. Der Weg nach Süden war offen. Das war der Test für die geplante Strecke Berlin – München – Mailand – Rom. In einigen Jahrzehnten sollten Millionen von Fluggästen die Alpen in Richtung Süden überqueren. Ebenfalls 1927 kam der Funker bei der Luft Hansa an Bord. Jetzt erlaubten Funkverkehr und Peilung eine noch präzisere Standortbestimmung und Navigation. Das verringerte die Wetterabhängigkeit, erhöhte die Sicherheit und ver-

besserte die Zuverlässigkeit und Pünktlichkeit beim Fliegen nach Flugplan deutlich.

Auf nach Peking

Die Luft Hansa war und ist Fluglinie einer Exportnation. Es waren daher nicht zuletzt Industrie- und Bankenkreise, die auf die Reichsregierung Druck ausübten, dieses neue, auch für die Wirtschaft so interessante Verkehrsmittel „Flugzeug" nun auch für die Kontaktpflege mit den ausländischen Kunden und potentiellen Abnehmern einzusetzen, um damit die Konkurrenzfähigkeit zu fördern. So galten erste strategische Überlegungen im neuen Unternehmen der Frage, wie man das Streckennetz für die gestellten Aufgaben erweitern und optimieren kann.

Bereits am 23. Juli 1926 machte sich eine Mannschaft unter Expeditionsleiter Dr. Knauss mit zwei Jun-

Doppelsteuer auch in der
dreimotorigen Rohrbach
Roland, noch sind die Flugzeugführer Wind und Wetter
ausgesetzt.

Mit dem von Kurt Tank
konstruierten „Hardtop"
kamen die Piloten in der
Ro VIII Roland II nun endlich
auch „unter die Haube".

Die Luftfahrt-Pioniere Joachim von Schröder, Flugmaschinist Fritz Eichentopf und Pilot Erich Albrecht nach der glücklichen Heimkehr aus Irkutsk in ihrer zuverlässigen Junkers W 33. Sie werden für ihre Waghalsigkeit und die große Popularität einen hohen Preis bezahlen.

oben:
Fremde von einem anderen Planeten – für die Chinesen in Peking sind die Flieger 1926 mit ihren dreimotorigen Junkers-G-24-Maschinen Exoten aus einer unerklärlichen, anderen Welt. Wo bitte liegt denn Deutschland?

kers G 24 auf den Weg, neue Streckenführungen in den Osten zu erkunden. Die verwegene Route führte über Königsberg, Smolensk, Moskau, Kasan, Omsk, Nowosibirsk und Krasnojarsk nach Irkutsk am Baikal-See tief in Sibirien. Diese erste gewaltige Etappe war am 29. Juli abgeschlossen. Aber der Flug ging weiter – über den Baikal-See, über das 2.000 m hohe Jablonowy-Gebirge nach Tschita in Ostsibirien, über Ausläufer der Wüste Gobi und die Mongolei nach Charbin, von dort über die

Nicht nur in China mussten die Passagiere beim Besteigen der F 13 etwas Geschick aufbringen. Gangways und Fluggastbrücken lagen noch in ferner Zukunft.

geheimnisvolle Mandschurei nach Mukden (Schenjang), weiter dann via Tientsin zum Ziel der Reise: Chinas Hauptstadt Peking. Eine Flugstrecke von über 10.000 km! Dort landeten die beiden Maschinen am 30. August 1926 um 14.30 Uhr auf einem Exerzierplatz.

Gut eine Woche später starteten die zwei G 24 zum Rückflug. Er endete störungsfrei am 26. September gegen 12.00 Uhr in Berlin-Tempelhof. Eine gigantische Fernstrecke mit 20.000 Kilometern war bezwungen, der Luftweg nach Ostasien erschlossen. Die harte Zuverlässigkeitsprüfung für Mensch und Maschine war glänzend bestanden. Die Junkers G 24 mit Junkers-Motoren hatten sich in der Welt der Verkehrsmaschinen einen respektablen Namen gemacht. Auf dem Flughafen Tempelhof begrüßte eine Luft-Hansa-Delegation unter der Leitung des Vorstandes Erhard Milch die erfolgreich heimgekehrten Flugpioniere.

Das Verkehrsflugzeug Junkers G 24 hatte bequeme Ledersitze, Waschraum, Toilette, Heizung – und schon bald kam noch mehr Komfort an Bord der immer zuverlässigeren Flugzeuge. Als reine Frachtmaschine entstand aus der dreimotorigen G 24 auch eine einmotorige Version. Sie bekam die Typbezeichnung F 24.

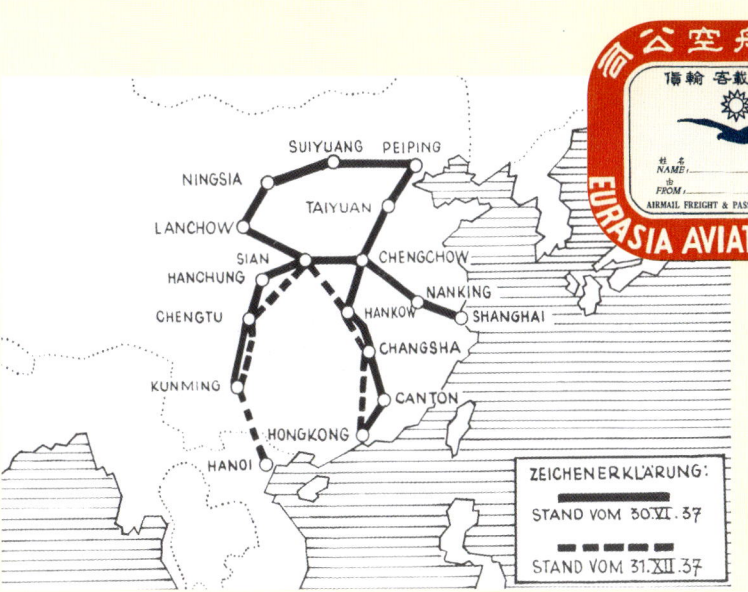

Gepäckaufkleber der Eurasia

Eurasia-Streckennetz 1937

Eurasia

Im Februar 1930 schloss die Luft Hansa einen 10-Jahres-Vertrag mit dem chinesischen Verkehrsministerium über „Europäisch-Asiatischen Postluftverkehr", Vorstufe der Eurasia. Im Mai 1931 nahm die „Eurasia" den Flugbetrieb auf. Die Eurasia flog einmal wöchentlich Shanghai – Nanking – Peking und eröffnete Strecken nach Hongkong und Hanoi. Fernziel war die Luftpoststrecke Berlin – Shanghai. Im August 1941 übernahm die chinesische Regierung die Fluglinie. Alle deutschen Mitarbeiter mussten China bis zum 15. September 1941 verlassen.

Das Fliegen in China bedeutete für die deutschen Besatzungen ein echtes Abenteuer – Überraschungen aller Art waren an der Tagesordnung.

links oben: Am Anfang der fliegerischen Aktivitäten der Eurasia im Reich der Mitte stand die zuverlässige Junkers F 13.

links unten: Auch die bewährte Ju 52 kam in den dreißiger Jahren bei der Eurasia zum Einsatz.

3 Bilder rechts: Gepäckaufkleber der Eurasia Aviation Corp.

Am 29. Juni 1937 landete die
erste Eurasia Ju 52 von
Peiping (Peking/Beijing) kommend auf dem Flughafen von
Kai-Tak in Hongkong.

Maschinen vom Typ
Junkers W 33 waren
ebenfalls in Eurasia-
Bemalung unterwegs.

Am 27. August 1928 startete der Flugpionier und Luft-Hansa-Prokurist Joachim von Schröder mit seiner bewährten Flieger-Crew und einer Junkers W 33 zu einem Erkundungsflug nach dem sibirischen Irkutsk. Sie bewältigten den Hin- und Rückflug mit seinen 12.300 km in nur etwas mehr als drei Tagen. Der berühmte Asienforscher Sven Hedin erkundete 1927/28 mit Unterstützung der Luft Hansa die Wüste Gobi. Doch die komplizierten politischen Konstellationen der Zeit machten kontinuierlich betriebene Linienflüge nach Fernost undurchführbar. So kam es, dass ab 1930 aufgrund eines Vertrages mit dem chinesischen Verkehrs-ministerium die Eurasia ihren auf zehn Jahre befristeten Betrieb aufnahm. Freiwillige deutsche Besatzungen eröffneten mit Junkers-Flugzeugen die Ära der Linien-flüge in China, ihre Zentrale befand sich in Nanking. Im Jahre 1937 sollte das innerchinesische Streckennetz eine Länge von 6.760 km aufweisen.

Der „Fliegende Speisewagen"

Auf die G 23/24 folgte ab dem Jahre 1926, im Linien-dienst ab 1928, die nächste größere Dreimotorige – die G 31 für 15 Passagiere und 3 Besatzungsmitglieder. Die Passagierkabine verfügte über Waschraum und einen Mittelgang, die Fenster ließen sich herunterkurbeln, die Sitze in Liegen umwandeln. Das Flugzeug besaß schon eine Feuerlöschanlage. Am 29. April 1928 erlebten die Passagiere einer Junkers G 31 eine Welt-Uraufführung: Sie wurden erstmalig über den Wolken von einem Ste-ward mit Speisen und Getränken verwöhnt, der Mittel-gang machte es möglich. Für den von der Mitropa aus-geliehenen Steward, der in weißer Jacke servierte, stand als Arbeitsplatz sogar eine eigene kleine Küche bereit. Die G 31 errang weltweiten Ruhm für die Passa-gierbeförderung „mit Mittagessen". Die G 31 war darü-ber hinaus aber auch ein überaus leistungsfähiges Transport- und Frachtflugzeug. Mit dem Sommerflug-plan ab April 1928 widmete die Luft Hansa dem Geschäftsfeld „Luftfracht" erhöhte Aufmerksamkeit – „Cargo" wird sich im Laufe der Jahrzehnte in aller Welt zu einem immer bedeutenderen Wachstumsmarkt ent-wickeln.

Hermann Köhl – ein Nachtflugleiter startet trotz heftigen Gegenwindes

Seitdem Charles Lindbergh mit seiner „Spirit of St. Louis" am 21. Mai 1927 sicher in Paris gelandet war, gab es immer wieder Versuche, die Strecke auch in der Gegenrichtung zu befliegen. Das war weitaus proble-matischer, weil man gegen die vorherrschende Wind-richtung fliegen musste, was Flugdauer und Treibstoff-verbrauch in die Höhe trieb. Es war – wie Lindberghs Unternehmen – ein gefährliches Unterfangen, das auch schon Opfer (Nungesser, Coli) gefordert hatte. Die Luft Hansa hatte längst erkannt, dass erst Langstrecken-flüge eine Fluggesellschaft in die Gewinnzone führen konnten. Und natürlich hatte man auch schon die Oze-ane im Blickfeld, die aber noch immer eine Domäne der großen Passagierdampfer blieben. Die Reichweite der Flugzeuge ließ transatlantische Flüge mit Passagieren noch nicht zu. Die Luft Hansa setzte, wie andere auch, zu diesem Zeitpunkt für den nächsten Schritt, die Über-querung der Ozeane, erst einmal auf mehrmotorige Wasserflugzeuge, die zusätzliche Sicherheit boten. Der wagemutige Köhl dachte anders. Er plante, mit dem dafür besonders geeigneten Frachtflugzeug Junkers W 33, einem Landflugzeug mit geringem Treibstoffver-brauch, das bereits mit 52 Stunden einen Dauerflug-Weltrekord aufgestellt hatte, die Ozeanüberquerung zu riskieren. Ein erster Versuch im August 1927 scheiterte.

Komfort 1928 – der Lufthan-sa-Fluggast genoss schon früh einen gepflegten Service über den Wolken.

Die vielseitige Junkers W 33, Erstflug im Frühjahr 1926, war eine Weiterentwicklung der F 13 und überwiegend als Frachter im Einsatz. Zum Antrieb diente standardmäßig der Junkers L 5 Dieselmotor mit rund 360 PS.

Die „Atlantikbezwinger" Hermann Köhl, James Fitzmaurice und Günther E. von Hünefeld bei ihrem triumphalen Empfang in Berlin. Major James Fitzmaurice (Mitte) wird mit an Bord sein, wenn die neue Lufthansa am 8. Juni 1955 erstmalig wieder Richtung New York startet.

Doch Köhl gab nicht auf. Die W 33 „Bremen" wurde auf Wunsch von Köhl, der nun als verantwortlicher Pilot fungierte, mit verlängerter Tragfläche und hochgebogenen Flächenenden („Ohren") modifiziert und zum Ablenken der Öffentlichkeit nach Tempelhof überführt. Von hier meldete sich Köhl am 26. März 1928 bei der Luft Hansa zu einem Probeflug nach Dessau ab. Als „blinder Passagier" hatte sich der eigentliche Initiator und Finanzier dieses gewagten Unternehmens, der Freiherr Ehrenfried Günther von Hünefeld vom Norddeutschen Lloyd im Frachtraum versteckt. In Dessau wartete bereits der Flieger Spindler als zweiter Pilot. Von Dessau ging es nach Baldonnel in Irland, denn von hier sollte der zweite Versuch starten. Als die Luft Hansa von dem Täuschungsmanöver erfuhr, wurde Hermann Köhl fristlos entlassen. Daraufhin sprang Spindler von der geplanten Mission ab. Es fehlte ein zweiter Pilot für den langen Flug. Der war schnell gefunden denn der Flugplatzkommandant – Baldonnel war ein Militärflughafen – hatte bereits selbst einen gescheiterten Rekordversuch in Ost-West-Richtung im September 1927 hinter sich und war zu einem neuen Anlauf bereit.

Am 12. April um 5.38 Uhr ging es los. Die Besatzung: Köhl, der irische Major James Fitzmaurice und als Passagier Freiherr von Hünefeld. Nach 36 Stunden Flugzeit

Fast 30 Jahre nach dem Erstflug – James Fitzmaurice (rechts) landet aus Hamburg kommend in New York, begleitet von Vorstand Hans Bongers und Verkehrsminister Seebohm.

Auch *Ernst Udet*, berühmter Jagdflieger des Ersten Weltkrieges und bekannt durch seine tollkühnen Auftritte als Kunstflieger, hatte von den Vorbereitungen Köhls gehört und war daran interessiert, den Ruhm für die erste Atlantiküberquerung für sich zu erwerben. Bei einem Besuch im Rohrbach-Zweigwerk in Castrup/Kopenhagen wurde er konkret. Er wollte den Versuch mit einem Wasserflugzeug, der „Robbe", die für Langstreckenrekorde konzipiert war, unternehmen (die „Robbe" wurde in Dänemark gebaut, weil ihre zu dem Zeitpunkt zu starken Motoren gegen die „Begriffs-Bestimmungen" der Siegermächte verstießen). Udet machte zweimal Bruch mit der „Robbe". Einmal unterlief dem routinierten Fliegeras ein Pilotenfehler, beim zweiten Abschmieren bei einem Rekordversuch über 2.000 km drehten die Propeller der stark überlasteten Maschine ab und Udet landete erneut unverletzt im Wasser. Kein Weltrekord, kein Atlantikflug. Udet gab seine Ambitionen, als erster Europäer den Nordatlantik mit Westkurs zu bezwingen und in Nordamerika zu landen auf.

machte die „Bremen" eine Bruchlandung auf Greenly Island, einer kleinen Insel zwischen Labrador und Neufundland. Die Nordatlantiküberquerung war geglückt. Ein triumphaler Empfang folgte, sogar US-Präsident Coolidge lud die wagemutigen Flieger ein.

Bei Junkers in Dessau trafen die Glückwünsche waschkorbweise ein und die Luft Hansa überdachte nach dem sensationellen Erfolg der binationalen Crew ihre Haltung. Man bot Köhl (*15. April 1888!) eine Gehaltserhöhung und einen Direktorenposten an. Doch Köhl wollte mehr: er forderte einen Vorstandssitz. Es kam zu keiner Einigung und man trennte sich. Das sonst so fortschrittlich gesinnte Unternehmen beka jetzt eine schlechte Presse, während bei Junkers drei Mitarbeiter zwei Tage brauchten, um die Flut der Glückwünsche zu beantworten. Als späte Verbeugung vor dem gewagten Unternehmen taufte die Luft Hansa 1928 ihre erste Junkers G 31 auf den Namen „Hermann Köhl".

Unfälle überschatten die Anfangsjahre

In den Pioniertagen der jungen Verkehrsfliegerei musste noch viel Neuland betreten werden – mit oftmals unwägbarem Risiko. Auch über dem Anfangsjahr der neu gegründeten Luft Hansa lag ein Schatten. Im Juli des Jahres 1926 kam es zu einem schweren Unfall. Eine F 13 im Bäderdienst wurde bei der versuchten Notlandung im Wattenmeer bei Juist von einer Orkanbö auf den Boden geworfen und zerstört. Alle fünf Insassen kamen ums Leben. Wind und Wetter blieben unberechenbar – und sie sollten weitere Opfer fordern.

Die Luft Hansa war ein Staatsunternehmen und die Regierung benutzte die staatliche Fluglinie als Instrument, die aufkommende Luftfahrt-Industrie zu fördern. So flogen in den Anfangsjahren neben Junkers-Flugzeugen Maschinen von Arado, Focke-Wulf, von Dornier, Rohrbach, der Udet-Condor und bald auch von Messerschmitt mit dem Kranich am Leitwerk. Als der junge Konstrukteur Messerschmitt mit der M 18 sein erstes Verkehrsflugzeug ablieferte, überzeugte das Flugzeug durch besonders ausgeprägte Wirtschaftlichkeit. Das macht Messerschmitt für die Luft Hansa interessant und sie trat 1928 an ihn heran. Er sollte aus der M 18 eine Verkehrsmaschine für bis zu zehn Passagiere oder eine Tonne Fracht entwickeln. Es entstand die M 20, das größte freitragende einmotorige Verkehrsflugzeug ihrer Zeit. Die Luft Hansa bestellte 14 Maschinen dieses Typs. Am 6. Oktober 1930 stürzte eine M 20 der Luft Hansa bei der Zwischenlandung in Dresden ab. Pilot, Funker und sechs Fluggäste kamen ums Leben. Bei der Luft Hansa wuchs die Skepsis gegenüber der M 20. Am 14. April 1931 kam es bei der Luft Hansa erneut zu einem schweren Unfall mit einer M 20. Bei Görlitz stürzte die „Rheinpfalz" auf einem Charterflug von Tempelhof nach Görlitz ab, zwei Besatzungsmitglieder fanden den Tod, acht Passagiere wurden verletzt. Die Luft Hansa sperrte alle M 20 für den Verkehr, es kam zu Auseinandersetzungen mit dem Vorstandsmitglied Erhard Milch, der Messerschmitt vorwarf, bei seinen Konstruktionen die Sicherheit zu vernachlässigen. Doch die M 20 entsprach den offiziellen Belastungsanforderungen. Allerdings waren diese, wie sich durch den Unfall deutlich herausstellte, zu niedrig angesetzt. Es fehlten noch immer ausreichend gesicherte Grenzwerte für die auftretenden Belastungen im Luftverkehr. Erst die Unfallforschung

Die 8- bis 9-sitzige einmotorige Focke-Wulf A 17 „Möwe" flog bei der Luft Hansa ab 1928, sie hatte eine Reichweite von rund 700 km.

Die einmotorige Messerschmitt M 20, das größte von Messerschmitt je gebaute Verkehrsflugzeug, brachte der Luft Hansa kein Glück.

lieferte immer zuverlässigere Angaben und trug so dazu bei, die Sicherheit im Luftverkehr kontinuierlich zu steigern. Mit der von Junkers erstmals eingeführten Werkstoff-Prüfung war ein weiterer Schritt zur Steigerung der Flugsicherheit getan.

Die Teneriffa-Tragödie

Bei Arado in Warnemünde entstand die Arado V 1, ein Mehrzweckflugzeug für Fracht, Post und vier Passagiere. Dieses Flugzeug stieß auf Interesse bei der Luft Hansa, die eine geeignete Maschine für die Südatlantik-Route suchte. 1929 begann die Luft Hansa mit Probeflügen auf der Arado V 1. Am Steuer saßen die durch ihre Sibirien-Flüge im Jahre 1928 berühmt gewordenen Flieger Joachim von Schröder und Erich Albrecht, begleitet von ihrem Flugmaschinisten Fritz Eichentopf, die im August und Oktober 1928 ihre Erkundungsflüge nach Irkutsk mit einer ebenfalls einmotorigen Junkers W 33

durchgeführt hatten. Am 25. Oktober 1929 flog diese Besatzung nonstop von Berlin-Tempelhof nach Konstantinopel (Istanbul). Sie brauchte für diesen Flug über 1.820 Kilometer zehn Stunden und 35 Minuten, Durchschnittsgeschwindigkeit 173,3 km/h. Am 29. Oktober traf das Flugzeug wieder in Berlin ein – zum Begrüßungskomitee gehörte neben Vertretern von Arado und des Reichsverkehrsministeriums wiederum der mit von Schröder befreundete Luft-Hansa-Vorstand Erhard Milch.

Als nächstes war für den 16. November ein Erprobungsflug (für den geplanten Südatlantik-Postdienst) über insgesamt 8.000 km (Hin- und Rückflug) mit Ziel Teneriffa auf den Kanaren vorgesehen. Der Hinflug verlief plangemäß, zur Landung Anfang Dezember in Los Rodeos auf der Insel war ein „Großer Bahnhof" mit Vertretern der spanischen Regierung, der deutschen Botschaft und verschiedener Luftfahrtorganisationen

Die Arado V 1 mit ihrem 500 PS Pratt & Whitney „Hornet"-Triebwerk erregt großes Aufsehen bei Bevölkerung und Experten, als sie Ende 1929 auf der Kanaren-Insel landet. Aber ihr Flug steht unter keinem guten Stern.

rechte Seite:
Erst das neuartige Schleppsegel macht die Aufnahme des Flugbootes vom Schiff auch bei bewegter See möglich.

Der Marine-Stützpunkt „Westfalen" mit startbereitem, zweimotorigem (Zug- und Druckpropeller) Dornier „Wal" auf dem Katapult des Vorderdecks war einer der zuletzt vier „Flugzeugträger" (Westfalen, Schwabenland, Friesenland, Ostland) der Luft Hansa.

angetreten. Am 13. Dezember taufte ein spanischer Bischof die Arado V 1 in Anwesenheit von 15.000 Zuschauern auf den Namen „Tenerife". Doch der geistliche Segen ist kein Garant für ein „Happy End". Der Rückflug am 13. Dezember 1929 erfolgte wie der Hinflug in Etappen über Las Palmas auf Gran Canaria und Marseille. Von der französischen Mittelmeerküste sollte es über 985 km nonstop nach Berlin gehen, denn – so erinnerte sich der Maschinist Fritz Eichentopf „wir wollten doch rechtzeitig zu Weihnachten zu Hause sein". Bei Neuruppin endet der Flug abrupt, in Wustrau streifte die Maschine am 19. Dezember 1929 gegen 18.15 im Nebel in einer Rechtskurve den Boden, stürzte ab und brannte aus. Nur Fritz Eichentopf überlebte. Erhard Milch, der auf dem Tempelhofer Flughafen die planmäßige Ankunft um 17.15 Uhr erwartet hatte, erhielt die Hiobsbotschaft gegen 19.30 und fuhr gemeinsam mit Direktor von Gablenz und einigen Experten zur Unfallstelle, wo er gegen 21.30 Uhr eintraf. Was war geschehen?

Es war nicht das Flugzeug, das versagt hatte. Die Besatzung hatte sich nach ihren großen Erfolgen als Flugpioniere wohl zu sicher gefühlt und sich im Vertrauen auf ihre Fähigkeiten auf einen riskanten Instrumentenflug im Nebel eingelassen. Doch es klarte nicht auf, ein Sichtflug war nicht möglich, die Orientierung ging verloren und der Versuch, im Tiefflug irgendetwas zu erkennen, endete tödlich. Die Hochstimmung über den Erfolg ihrer Verkehrs- und Postexpress-Flugzeuge

bei Arado endete jäh, man sollte dort keine weiteren Verkehrsflugzeuge mehr bauen.

Bei der Luft Hansa geht die Post ab: Die Katapultflüge

Nicht nur der Nordatlantik stellte Herausforderungen. Auch der Südatlantik wollte bezwungen werden. Vorläufer des Personenverkehrs über die Ozeane war die Postfliegerei. Zu den Zeiten, als ausschließlich Schiffe die Postbeförderung zwischen den Kontinenten übernahmen, waren die Postlaufzeiten entsprechend lang. Hier sann man auf Abhilfe. Ein erster Schritt war der Postvorausflug nach Nordamerika. Das Heinkel-Katapult des Passagierdampfers „Bremen" schoss am 22. Juli 1929 etwa 400 km vor der Küste das zweisitzige Schwimmerflugzeug Heinkel He 12 mit Flugkapitän von Studtnitz in die Luft – Kurs New York. So gewann man Zeit – erst einmal 24 Stunden. Doch der Zeitgewinn wurde nach und nach immer größer, die Starts erfolgten bald schon in Distanzen von bis zu 1.200 km vom Land.

Am 3. Februar 1934 eröffnete die Lufthansa die erste transatlantische Luftpoststrecke von Berlin nach Rio de Janeiro und ins Landesinnere. Die Route: Deutschland – Spanien flog eine Heinkel He 70 „Blitz". Spanien – Afrika übernahm eine Ju 52. In Bathurst (Banjui) in Gambia setzte ein zweimotoriges Dornier-Flugboot „Wal" die Stafette fort. Es startete im Gambia-River zur

Der Südatlantik war lange Zeit eine Domäne der Dornier „Wale", hier bei einem Katapultabschuss Kurs Natal/Brasilien.

im Atlantik kreuzenden „Westfalen", einem umgebauten Frachter. Dieser schwimmende Flugstützpunkt verfügte über das Heinkel-Katapult K 6, das bis zu 14 Tonnen Gewicht auf Abhebegeschwindigkeit brachte. Der „Dornier-Wal" wasserte und lief auf das nachgezogene Schleppsegel auf, der Bordkran hievte das Flugboot auf das Katapult. Nach dem Auftanken erfolgte mit dem

Schub des urgewaltigen 160 atü Presslufthammers bei bis zu 4 g Beschleunigung der erneute Start vom Startschlitten in die Lüfte, Kurs Natal/ Brasilien und von dort mit Flugzeugen der „Syndicato Condor Ltda." weiter nach Rio.

Das Auffinden der schwimmenden „Westfalen" und später eines weiteren Katapultschiffes, der „Schwa-

Südatlantik-Überquerungen. Die Flugdauer zwischen Afrika und Südamerika verkürzte sich jetzt auf nur rund 15 Stunden, die Postlaufzeit von Berlin nach Südamerika betrug 1935 nur noch 3 1/2 Tage. Die erfolgreichen Postflüge nach Brasilien führten dazu, dass schon bald die Luft Hansa mit zwei weiteren Schiffen auch auf dem Nordatlantik aufkreuzte: der „Ostmark" und der „Friesenland". Mit Flugbooten von Blohm & Voss und Dornier-Flugbooten gelangen weitere Erkundungsflüge. Doch wir wollen nicht weiter vorgreifen.

Schwere Turbulenzen – der „Schwarze Freitag" und seine Folgen

Hatte es bisher den Anschein gehabt, als befinde sich das Unternehmen in einem stetigen Aufwind, so änderten sich in den späten zwanziger Jahren die Zeiten, schon Ende 1928 zeigten sich erste düstere Wolken am Horizont. Das sich in chronischer Finanznot befindende Reich kürzte die Subventionen um 50 %, der Winterflugplan musste bis in den Mai 1929 verlängert werden, Flugleistungen und Personalstand wurden abgebaut, Gehalts-Kürzungen gehörten zum schmerzhaften Spar-

Einfach genial: Mit diesem simplen Gerät lässt sich durchaus das Fliegen mit Instrumenten erlernen – es ist ein Vorläufer aller modernen Flugsimulatoren. Nach dem Simulator folgt die fliegerische Praxis.

benland", war eine navigatorische Meisterleistung, die dem Suchen nach einer Nadel im Heuhaufen glich und nur dank der jetzt zur Verfügung stehenden Funkpeilung und einer speziellen Transozean-Funkausrüstung möglich war. Auch der Katapultstart war nicht ungefährlich, mehrere Flugzeuge gingen verloren. Trotzdem gelangen bis zum Ausbruch des Krieges 1939 fast 500

Kreisel-Instrument „Askania-Wendezeiger", eine bedeutsame Erfindung, die durch den damit möglichen Instrumentenflug erstmals wetterunabhängige Flugpläne erlaubte.

und einen aufgestellten Flugplan zuverlässig einhalten, mussten neue Methoden zur Orientierung her, denn mit dem bisher überwiegend praktizierten Sichtflug ließ sich ein solches Vorhaben nicht realisieren. Es war der als der „fliegender Direktor" in den Diensten der Luft Hansa stehende Freiherr Carl August von Gablenz, der – selbst ein bekannter Flugpionier – die notwendigen Schritte gegen den Widerstand der zurückschreckenden Öffentlichkeit und skeptischer Piloten durchsetzte. 1929/30 führte er die obligatorische Ausbildung zum Instrumentenflug ein. Diese Ausbildung erfolgte überwiegend im Winter, in dem in diesen frühen Jahren der Flugbetrieb fast zum Erliegen kam. Noch war die Fliegerei ein Saisongeschäft. Das änderte sich erst gegen Mitte der dreißiger Jahre.

Zur Pilotenausbildung kam jetzt bei der Luft Hansa erstmalig ein Trainingsgerät zum Einsatz, das als Vorläufer aller Flugsimulatoren gelten kann. Der Instrumentenflug setzte allerdings erst einmal die dafür erforderlichen Instrumente voraus, die den „Blindflug" erlaubten. Auch diese Entwicklungen trieb die Luft Hansa voran. Erforderlich war der neuartige Wendezeiger, der Geradeaus- oder Kurvenflug anzeigte, anfangs das einzige Gerät für den „Blindflug", Höhen- und Fahrtmesser plus Variometer, der Steig- und Sinkgeschwindigkeit anzeigte. Zur Richtungsbestimmung diente ein gedämpfter Fernkompass, der auch in Turbulenzen präzise arbeitete. Die Berliner Firma „Askania" war bei der Entwicklung von Instrumenten für den „Blindflug" wesentlich beteiligt.

Hatte man sich am Boden nach Instrumenten ausreichend vorbereitet, folgte die Praxis: In einer Junkers

programm. Der Lack von den „Goldenen Zwanzigern" war ab. Die Reichspost erwies sich als Retter in der Not. Hatte sie bisher bereits ihre Post den planmäßigen Flügen anvertraut, so beauftragte sie jetzt als erste Postverwaltung Europas die Luft Hansa mit der Einrichtung spezieller, planmäßig betriebener Postlinien. Damit ließ sich ein Teil der Ausfälle durch die Haushaltskürzungen auffangen. Nun war auch der Zeitpunkt zwingend gekommen, die unwirtschaftlichen „Hüpfstrecken" einzustellen.

Eine neue Dimension in Zuverlässigkeit und Pünktlichkeit – der Instrumentenflug

Wollte man sich von Wind und Wetter und den damit verbundenen Unwägbarkeiten unabhängig machen

Sprungbrett Spanien – die „Iberia"

Am 14. Dezember 1927 eröffnete die mit Luft-Hansa-Beteiligung gegründete „Iberia Compania Aérea de Tranportes S.A." ihre erste Strecke von Madrid nach Barcelona. Zu ihren ersten Flugzeugen gehörten „Rolands" der „Rohrbach Metallflugzeugbau" in Berlin. Spanien sollte der Brückenkopf für den von der Luft Hansa geplanten transozeanischen Verkehr über den Südatlantik nach Südamerika sein, für den erst einmal an einen Postexpress-Dienst gedacht war. Die Südamerika-Postflüge wurden schon bald Realität, die Iberia-Beteiligung aber musste die Lufthansa am 18. August 1943 aufgrund einer getroffenen Regierungs-Vereinbarung an das spanische „Instituto Nacional de Industria" abtreten.

Der führende Instrumentenbauer Askania aus Berlin war bald in Übersee vertreten. Die viermotorige Fw 200 „Condor" beeindruckte auch vor der brasilianischen Traumkulisse.

Focke-Wulf Flugzeug FW 200 »Condor« mit Askania-Kurssteuerung nach dem Überführungsflug über Rio de Janeiro

ASKANIA
Kurssteuerung
Lstz14c

W 33 mit abgedunkelter Cockpithälfte saß der Flugschüler und musste nun zeigen, dass er das Flugzeug ohne Sicht steuern konnte. Der Fluglehrer neben ihm hatte freien Blick. So begann das Einüben in einer Technik, die – wie der Nachtflug – für planmäßigen und sicheren Weltluftverkehr überhaupt erst die Voraussetzungen schaffte. Auch mit dem revolutionären Konzept der Instrumentenflug-Ausbildung betrat die Luft Hansa Neuland und war Vorbild für alle anderen Fluggesellschaften. Die wichtigen Impulse kamen aus Berlin – von einem Unternehmen, das in Innovationsfreude und Pioniergeist die Maßstäbe setzte.

Mit Nacht- und Instrumentenflügen hatte die Verkehrsfliegerei das Odium des risikobehafteten Abenteuers endgültig hinter sich gelassen. Noch heute ist umstritten, ob die Einführung des Instrumentenfluges durch von Gablenz verfrüht erfolgte. Dafür spricht, dass der Wendezeiger als störanfällig galt, was zu sehr gefährlichen Situationen führen konnte. Dagegen spricht der Erfolg, denn die Luft Hansa war damit in die Lage versetzt, sich als erste Fluggesellschaft der Welt vom Wetter zu lösen. Da in der ersten Zeit niemand außer der Luft Hansa bei Schlechtwetter flog, waren zumindest Kollisionen ausgeschlossen.

Im Jahr 1929 initiierte die Luft Hansa eine Flugplankonferenz aller in der IATA (International Air Traffic Association, gegründet am 28. August 1919 in Den Haag) angeschlossenen Luftverkehrsgesellschaften, die von nun an alljährlich in Berlin tagte. Die Luft Hansa experimentierte in diesen Jahren mit Langstrecken nach Fernost, nach Süd- und Nordamerika und in den Süden bis Teneriffa, die in Zukunft die Rentabilität der Linienfliegerei steigern sollten.

Der erste Dreimotorer der Luft Hansa war Adolf Rohrbachs Ro VIII Roland.

Der Flughafen Berlin-Tempelhof in den frühen dreißiger
Jahren. Noch war die Zeit der
Hoch- und Doppeldecker
nicht vorbei.

Die Flotte der Luft Hansa in den zwanziger Jahren

überwiegend eingesetzte Flugzeugmodelle

Viermotoriger „Superwal",
19 Fluggäste. Dieses Flugboot
trat gegen Ende der zwanziger Jahre in den Skandina-
vien-Dienst über die Ostsee.

Junkers F 13, 2 Piloten,
4 Fluggäste. Erstflug Juni
1919, Mercedes IIIa-Motor
mit 160 PS, 150 km/h,
erster Serienbau in Dessau,
diverse Rekorde

Dornier Komet III, 2 Piloten,
6 Fluggäste, Rolls Royce-
Motor/360 PS, Erstflug 1924,
erste Alpenüberquerung 1925
mit Fluggästen

Junkers G 24, 2 Piloten,
9 Fluggäste, 3x Junkers L 2
mit je 265 PS

Rohrbach Ro VIII Roland,
2 Piloten, 10 Passagiere.
3x BMW IV-Motoren mit je
230 PS, 175 km/h, Erstflug
1926, 22 Flugrekorde

Die Do X vom Bodensee über „Miss Liberty" in New York. Deutsche Flugzeuge und Erstleistungen setzten in diesen Jahren die Maßstäbe in der Fliegerei.

Lufthansa–Uniform 1938–45

„Ein Boot fliegt um die Welt ..."

Am 31. Januar 1931 startete unter Beteiligung der Luft Hansa ein spektakulärer Flug rund um den Globus, absolviert vom größten Flugzeug seiner Zeit – der riesigen Do X, die schon damals die Dimensionen erst viel später folgender Jahrzehnte vorwegnahm. Dieses gigantische Flugboot war ein weltweit bestauntes Wunderwerk der Technik. Schon auf einem Werksflug am 21. Oktober 1929 überquerte sie mit 169 Insassen den Bodensee. Derartige Passagierzahlen wurden erst wieder mit den Großraumflugzeugen der siebziger Jahre erreicht. Die Weltumrundung (Europa, Afrika, Nord- und Südamerika) dauerte fast eineinhalb Jahre – aber nicht aus technischen Gründen, sondern wegen der vielen Veranstaltungen, Schauflüge, Vorführungen aller Art in vielen besuchten Ländern. Schon bald sollte der Dornier Do X ein weiteres Riesenflugzeug – diesmal aus Dessau – folgen: Die G 38 von Junkers. Der legendäre Reichspräsident selbst, Paul von Hindenburg, taufte am 29. April 1933 eine viermotorige Junkers G 38 in Dessau auf seinen Namen. Diese „Paul von Hindenburg" flog für die Luft Hansa im Passagierdienst nach London. Ihre Tragflächen hatten ein so gewaltiges Flügelprofil, dass dort Passagiere sitzen konnten. Auch war die Wartung der Motoren während des Fluges beim größten Landflugzeug der Welt direkt vom Flügel aus möglich. An Bord der G 38 b gab es sogar eine Bar und einen Salon für 11 Personen hinter dem Cockpit, in der verglasten Nase befand sich der Arbeitsplatz des Navigators. Die Luft Hansa war nun zur führenden Fluggesellschaft Europas avanciert, Berlin zum Drehkreuz des europäischen Luftverkehrs. Am 31. Mai 1931 nahm die Eurasia, das Gemeinschaftsunternehmen der chinesischen Regierung und der Luft Hansa, ihren Flugbetrieb mit Junkers F 13 auf.

Die Pionierflüge des Wolfgang von Gronau

Im August 1930 startete trotz ausdrücklichen Verbotes in List auf Sylt der Leiter der dortigen Seeverkehrsfliegerschule mit einem Dornier „Wal" zu einem spektakulären Flug nach Nordamerika. Der Weg führte Wolfgang von Gronau mit Zwischenlandung in Island an die Spitze Grönlands bei Ivigtut. Über Cartwright/Labrador und Halixfax erreichte er nach rund 44 Stunden New York. Der Reichsverkehrsminister, Leiter der Behörde, die ihm diesen Flug verboten hatte, gratulierte nach dem Gelingen zum „wohlüberlegten und kühnen Flug". 1931 und 1932 unternahm von Gronau nun „im Auftrag der Luft Hansa" mit seinem „Wal" weitere Erkundungsflüge. Am 22. Juli 1932 startete er von Sylt aus zu einem „Weltflug". Der führte ihn in 10 Stunden nach Island, dann weiter an die Spitze Grönlands, wo er in stürmischer See landete; von dort Weiterflug über das Eis nach Labrador und Montreal, anschließend überquerte er die Rocky Mountains und erreichte die US-amerikanische Westküste. Der weitere Verlauf des Fluges führte über Alaska und die Aleuten nach Japan. Am 4. September erreichte er Tokio. Der Flug ging nun über Shanghai, Hongkong, Manila nach Rangun/ Burma; von dort nach Karachi und weiter nach Bagdad. Dann an das Mittelmeer und über Zypern nach Genua. Bei nebligem Wetter überflog von Gronau die Alpen und landet am 10. November nach fast vier Monaten wieder in Deutschland. Die Heimat hatte ihn wieder. Eine Pioniertat war vollbracht, seine Flüge dienten der Erschließung von Strecken für den Luftverkehr. Auf seinen Erkundungsrouten überquerte von Gronau 1931 als erster Flieger die Gletscher Grönlands.

Die Ju 52 –
ein Meilenstein im deutschen Flugzeugbau

Zum 1. November 1932 mit Beginn des Winterflugplanes stellte die Luft Hansa den Passagierdienst über die Alpen auf die Ju 52 um – ein Flugzeug, das zum Kultobjekt werden sollte. Von ihr hieß es in den „Junkers Nachrichten": „Mit der Ju 52 wurde der planmäßige Streckenflug grundsätzlich auch bei Ausfall eines Motors weitergeführt. Nach Einsatz der Ju 52/3m konnte die Flugsicherheit auf 100 %, die Regelmäßigkeit des Dienstes auf 97 % im Jahresdurchschnitt gesteigert werden."

Die Ju 52 wurde insgesamt 5.000-mal gebaut, ihr Nimbus wohl von keinem anderen Flugzeug jemals wieder erreicht. 27 Luftverkehrsgesellschaften auf allen Kontinenten flogen das Erfolgsmodell aus Dessau, das sich zum größten Exportschlager der deutschen Luftfahrtindustrie entwickelte.

Das gewaltigste Flugboot
seiner Zeit – die zwölf-
motorige Dornier Do X mit
einer Motorleistung von
insgesamt 7.680 PS.
Länge 40,1 m,
Spannweite 48 m,
Höhe 10,1 m

Das größte Landflugzeug zu
Beginn der dreißiger Jahre –
die Junkers G 38, Erstflug
6. November 1929. Spann-
weite 44 m, Länge 23,2 m,
Höhe 6,85 m – ausgelegt für
34 Passagiere und 7 Besatzungsmitglieder, Höchstgeschwindigkeit 210 km/h.

Ju-52-Staffel im Formationsflug über Deutschland

Eine He 70 überfliegt kurz
nach dem Start eine in Tempelhof stehende Ju 52.

Das in Tempelhof stationierte restaurierte Traditionsflugzeug der Lufthansa, die Ju 52 D-AQUI, ist ein Publikumsmagnet und -liebling wo immer sie erscheint.

Logo der Junkers Flugzeugwerke

Cockpit der Ju 52 mit modernisierter Instrumentenausstattung

Roll-out der Ju 90 in Dessau
im August 1937

Schnittzeichnung der legen-
dären Ju 52 aus den Junkers-
Werken und die Büste ihres
geistigen Vaters

Damals wie heute – Flugzeugwartung in Hamburg; hier zwei Ju 86 in Fuhlsbüttel

Die Ju 52 stellte in den 30ern 85% der Lufthansa-Flotte.

Gronaus „Wal" gewassert auf dem Hudson-River.

Die zuverlässige Ju 52 bildete in den dreißiger Jahren das Rückgrat der Lufthansa und stellte mit zeitweilig bis zu 85 % aller Lufthansa-Maschinen den Hauptteil die Flotte. Es war das sicherste Flugzeug der Welt.

Reisen wie der „Blitz" – die Heinkel He 70, schnellster Typ der Lufthansa

Neben den Fern- und Europa-Strecken galt eine besondere Aufmerksamkeit der Luft Hansa auch der Beschleunigung des Reisens auf Kurz- und Mittelstrecken. Da kam ein Modell von Ernst Heinkel für die Luft Hansa genau richtig: der Heinkel „Blitz", die He 70. Sie hielt, was ihr Name versprach. Mit ihr begann die Ära der „Schnellflugzeuge". Die He 70 verkehrte auf den „Blitz-Strecken" von Berlin nach Frankfurt, Hamburg und Köln und war ein außergewöhnliches Flugzeug. Heinkel war schon immer ein Verfechter hoher Fluggeschwindigkeit gewesen, mit der im Auftrag des Verkehrsministeriums für die Luft Hansa gebauten He 70 war seinem Unternehmen ein großer Wurf gelungen.

Als erstes europäisches Flugzeug verfügte sie über ein Einziehfahrwerk, der Sporn verschwand im Heck,

Luftwiderstand erzeugende Teile waren versenkt ausgeführt – Türen, Griffe und sogar die Nieten. Die Fenster waren bündig eingeklebt, der Kühler war einziehbar, die Außenhaut völlig glatt, die Flügel elliptisch. So war es nicht verwunderlich, dass diese Maschine bei ihrer Zulassung 1933 überlegene 362 km/h erreichte – schneller als alle ausländischen Jäger der Zeit. Der Heinkel „Blitz" galt als das erste „Stromlinienflugzeug" und war für vier Passagiere ausgelegt. Im Betrieb erreichte er mit dem glykolgekühlten BMW-Standard-Motor im April 1933 sogar 377 km/h. Das war für ein Verkehrsflugzeug jener Zeit eine enorme Leistung. Es war kein Wunder, dass ausgerechnet Ernst Heinkel, der als Pionier von Hochgeschwindigkeitsflugzeugen gelten kann, als erster nach einem noch leistungsstärkeren Motor griff – dem Düsentriebwerk. Doch das ist eine andere Geschichte.

Der Heinkel „Blitz" jedenfalls war natürlich für Rekorde gut – Weltrekorde mit Nutzlast, von denen Luft-Hansa-Kapitän Untucht gleich eine ganze Reihe hinlegte. Der einmotorigen 320 km/h schnellen Lockheed „Orion" der Suisse Air, die Auslöser des Heinkel-Auf-

trages war, stand nun ein mehr als nur konkurrenzfähiges deutsches Flugzeug gegenüber.

Aus anfangs vier Destinationen des „Blitzstreckennetzes" waren schon ein Jahr später elf Strecken geworden. Die Lufthansa stellte bald eine weitere Heinkel-Maschine in den Dienst: Die zweimotorige He 111. Sie war für 10 Passagiere ausgelegt und lief auch in einer Version für die neue Luftwaffe in Großserie vom Band.

Auch Junkers steuerte ab 1934 ein Modell für die „Blitz"-Strecken bei: Die sechssitzige Ju 60/160 „Pfeil". Es war das letzte Flugzeug aus Dessau, an dessen Entwicklung Hugo Junkers noch selbst beteiligt war. Doch mit der Ju 60 war die Lufthansa anfangs nicht glücklich. Nur ein verkauftes Flugzeug verließ die Junkers-Werke. Erst das aerodynamisch ausgefeiltere Nachfolgemodell, die Ju 160, erfüllte mit ihrem stärkeren BMW-Motor von 660 PS die Geschwindigkeitsanforderungen der Lufthansa und kam in größerer Stückzahl zum Einsatz. Im Dezember des Jahres 1934 überschritt die Zahl der von der Lufthansa seit Beginn des Flugbetriebes 1926 beförderten Passagiere die Millionengrenze. Auf den Reißbrettern der Hersteller entstanden bereits weitere Entwürfe für Schnellflugzeuge. Dazu gehörte die Ju 86. Diese zweimotorige Junkers-Maschine überzeugte vor allem durch Wirtschaftlichkeit und Reichweite. Beides hing mit ihrem Antrieb zusammen, dem Jumo 205, einem Sechszylinder-Diesel, der 30–40 % weniger Treibstoff verbrauchte als ein Benzinmotor. Um die Reichweite des Flugzeuges zu demonstrieren, flog eine Ju 86 am 22./23. August 1936 nonstop von Dessau nach Banjui (Bathurst) in Afrika – 5.800 km in 20 Stunden. Schon drei Tage später erfolgte der Rückflug auf der gleichen Strecke – ebenfalls ohne Zwischenlandung.

Heimatflughafen Berlin-Tempelhof

Seit der Gründung im Jahr 1925 war Berlin die Heimatadresse der Lufthansa. Die Büros befanden sich anfangs in der Mauernstraße, als technische Basis und Wartungs-Zentrum diente der Flughafen Berlin-Staaken und der eigentliche operative Stützpunkt war von Beginn an Tempelhof. Hier kam es 1926/27 zu Differenzen mit der Flughafengesellschaft, weil der vorgesehene Ausbau durch das schnelle Wachstum der Luft Hansa bereits vor Baubeginn überholt war. Man improvisierte mit Baracken, bevor eine grundlegende Neukonzeption für den mittlerweile verkehrsstärksten Flughafen Europas endlich in Angriff genommen werden konnte.

Das erste europäische Flugzeug mit Einziehfahrwerk – die Heinkel He 70.

Die „Blitz"-schnelle einmotorige Heinkel He 70. Dieses „Schnellflugzeug" wurde im
Auftrag des Reichsverkehrsministeriums für die Luft Hansa als Konkurrenzmuster
zur schnellen Lockheed-„Orion" der Suisse Air entwickelt,
der die He 70 dann locker davonflog.

Die einmotorige Junkers
Ju 160, Nachfolgerin der nur
in einem Exemplar gebauten
Ju 60, konnte mit ihren
340 km/h „Spitze" jetzt
ebenfalls die Anforderungen
an ein Schnellflugzeug
erfüllen.

Als Architekt Prof. Dr.-Ing. Ernst Sagebiel 1934 den Planungsauftrag bekam, entstand ein imposanter Zentralflughafen, dem die Berliner gleich den Spitznamen „Kleiderbügel" gaben. Die Bauarbeiten des großzügigen Entwurfes begannen 1936, die Bauzeit betrug insgesamt fünf Jahre. Der gewaltige Zentralflughafen Tempelhof ist noch heute eines der größten Bauwerke des Kontinents und gehört mit seinen 284.000 qm zu den drei größten Gebäuden der Welt. Der englische Architekt Sir Norman Foster, dessen Reichstagskuppel ihn auch in Deutschland bekannt machte, bezeichnete den Flughafen Tempelhof als „Mutter aller Flughäfen". Er muss es wissen, denn er hat eigene Erfahrungen beim Bau des Airports Stansted in London gesammelt. Der Tempelhof-Architekt Ernst Sagebiel arbeitete für das RLM, dessen Neubau er ebenfalls entwarf. Seine Professur erhielt er von Hitler persönlich. Als Albert Speer begann, die Architektur-Richtlinien zu bestimmen, verblasste Sagebiels Stern.

Olympia 1936

Die Olympiade in Berlin brachte dem Flugverkehr, insbesondere von und nach Berlin, einen kräftigen Aufschwung. Die Lufthansa warb intensiv um Passagiere und war – wie man es heute sagen würde – der „offizielle Carrier" der Berliner Olympiade. Sie flog die Sportler-Equipen aus aller Welt zum Wettkampf. Nach Abschluss der Spiele brachte sie die Olympioniken auch wieder nach Hause – oder zumindest bis zum ausgewählten Seehafen.

Die aufregende Ju 86 war mit ihren Jumo 205 Schweröl-Motoren ein ökonomisches Vorbild.

beide Bilder oben:
Die auch von der Luftwaffe eingesetzte Ju 86 hatte in der hier gezeigten Zivilversion
zehn Sitzplätze, 5 Reihen mit jeweils 2 Sitzen nebeneinander.

„Hübsch eng habt ihr's hier …"
(Heinz Rühmann, Flieger und Schauspieler)

Zentralflughafen Berlin-Tempelhof, Drehkreuz des
europäischen Luftverkehrs in den dreißiger Jahren. Im
Vordergrund eine He 111, sonst überwiegend Ju 52.

Modell des geplanten Groß-
flughafens Berlin-Tempelhof.
Hier wird die „Kleiderbügel"-
Form deutlich.

Der Flugbetrieb in Tempelhof erreichte bisher nicht gekannte Flugfrequenzen, denn Berlin sah jetzt nicht nur die Lufthansa-Flüge, sondern war auch zum Drehkreuz des internationalen Verkehrs geworden, es lag 1936 verkehrsmäßig an der Spitze aller europäischen Flughäfen. Hauptquartier und Zentrale der Lufthansa wurde Tempelhof aber erst 1938, als auch die Verwaltung in neue Büros im „Kleiderbügel" umzog.

Die Langstreckler kommen

Die in den späten dreißiger Jahren entwickelten viermotorigen Landflugzeuge (Fw 200 „Condor"/ Ju 90) begannen jetzt den meist nur mit geringer Zuladungskapazität ausgestatteten Flugbooten auch auf der Langstrecke den Rang abzulaufen. Im Jahre 1937 war es wieder eine deutsche Entwicklung, die weltweit für Aufsehen sorgte.

1936 hatten sich der technische Direktor der Lufthansa, Dr.-Ing. Rudolf Stüssel und der Chefkonstrukteur von Focke-Wulf, Dipl.-Ing. Kurt Tank, bei einem Ski-Urlaub in den Dolomiten zufällig auf einem Bahnhof getroffen und in den Bergen eine neuartige Idee für einen ganz besonderen Vogel ausgebrütet. Von der Idee bis zur Realisierung vergingen nur zwölf Monate – im Juli 1937 startete die sensationelle Focke-Wulf Fw 200 „Condor" zu ihrem Erstflug. Sie sollte das erste landgestützte Verkehrsflugzeug sein, das nonstop den Nordatlantik überfliegen konnte.

Am 10. August 1938 war es dann soweit – die „Condor" hob mit Lufthansa-Kapitän Henke, dem zweiten Piloten Luftwaffen-Hauptmann v. Moreau sowie den Besatzungsmitgliedern Kober und Dierberg plus jeder Menge Sprit um 19.33 Uhr von Berlin-Staaken zum Nonstop-Flug über 6.370 km ab. An Bord befanden sich keine (max. 26) Passagiere sondern Zusatztanks, das Ziel hieß New York, das über Glasgow, Neufundland und Halifax nach 24 Stunden und 36 Minuten erreicht wurde. Am Nachmittag des 11. August landete der elegante Riesenvogel aus Deutschland auf dem Floyd Bennett Airfield. Die Amerikaner waren begeistert – und beeindruckt. Das Zeitalter der Transatlantikflüge mit Großflugzeugen hatte begonnen. Da die Besatzung keine Beanstandungen fand, erfolgte der Rückflug bereits am 13. August – ohne Probleme. Der Rückenwind verkürzte jetzt die Flugzeit auf nur 19 Stunden und 55 Minuten – Durchschnitt 318,5 km/h. In Tempelhof begrüßte eine jubelnde Menge die zurückgekehrte Besatzung. Im Triumphzug ging es durch die Stadt.

Es sollte nur noch wenige Jahre dauern, bis ein regelmäßiger Personenverkehr mit dem Flugzeug über den Nordatlantik zur Routine wurde. An Bord der neuen

Treffpunkt Tempelhof – Spitzensportler aus aller Welt kommen 1936 nach Berlin. Viele bringt die Lufthansa nach Tempelhof, von wo sie auch wieder nach ihren Wettkämpfen zurück in die Heimat fliegen. Die Welt blickt nach Berlin.

Am 11. August 1938 landet
erstmals ein viermotoriges
Verkehrsflugzeug nach einem
Nonstop-Flug aus Europa in
den USA. Der „Condor"
kommt direkt aus Berlin –
Amerika staunt.

Großflugzeuge kümmerten sich jetzt Stewardessen um die Fluggäste. Auch damit hat die Lufthansa frühzeitig begonnen. Nach Stewards, die schon auf der Junkers G 31, dem „Fliegenden Speisewagen", im April 1928 zu finden waren, begann mit der Einführung moderner Großflugzeuge die Zeit der Flugbegleiterinnen. Sie übernahmen ab 1938 den Bordservice der Lufthansa – aber noch blieb ihre Zahl klein. Die Lufthansa lobte die „Condor" als ein „Landflugzeug von höchster aerodynamischer Qualität". Eva Braun stand eine Fw 200 für private Flüge zur Verfügung.

Auf dem Weg nach Tokio

In den dreißiger Jahren leistete die Lufthansa erneut Pionierarbeit auf der Langstrecke. Hatten zu Beginn des Jahrzehnts noch die Erkundungsflüge Wolfgang von Gronaus im Auftrag der Lufthansa mit einer Dornier „Wal" zu allen Kontinenten der nördlichen Halbkugel geführt, folgten jetzt unter der Leitung des Freiherrn und Lufthansa-Direktors Carl August von Gablenz Asienflüge von Berlin nach Shanghai und Expeditionsflüge mit dem Ziel Tokio zur Erkundung der zentralasiatischen Route über den Hindukusch und den Pamir. Im Südatlantik testete die Lufthansa die Do 18 und das Flugboot Ha 139 von Blohm & Voss, das Langstreckenflugboot Do 26 „Seeadler" begann mit Postflügen. Da dieses Flugzeug auch Passagiere mitnehmen konnte, war bereits ein Südatlantik-Verkehr in greifbare Nähe gerückt. Eine Focke-Wulf „Condor" landete nach einem Rekordflug von 46 Stunden und 18 Minuten und einer Strecke von 14.280 km am 30. November 1938 aus Berlin kommend in Tokio. Wieder hatte dieses Flugzeug des genialen Konstrukteurs Kurt W. Tank eine Rekordleistung abgeliefert.

Zurück aus New York, eine begeisterte Menge empfängt die Besatzung am 14. August 1938 nach ihrem Nordatlantik-Premierenflug mit Jubel und Applaus. Anschließend geht es im Triumphzug durch Berlin.

Die Lufthansa hatte Ende der dreißiger Jahre die Weichen für den Flugverkehr im Weltmaßstab in naher Zukunft gestellt, mit der Ju 90, der Focke-Wulf „Condor" und der Do 26 für die Südatlantikstrecke standen die technischen Mittel dafür bereit. Am 25. Juli 1939 eröffnete die Lufthansa mit Ju 52 den Linienverkehr nach Bangkok, Dauer viereinhalb Tage, Übernachtungen, Verpflegung und Transfers inklusive. Mit einer Flotte von 150 Flugzeugen, einem Streckennetz von fast 80.000 km und einem Marktanteil von 7,5 % am Weltluftverkehr war die Lufthansa die führende Fluglinie Europas. Auch bei der angestrebten Unabhängigkeit von Staatsgeldern war man vorangekommen: Der Subventions-Anteil war von 63 % in 1932 auf nur noch 34 %

in 1939 gesunken. Doch allen Ambitionen auf einen Linienverkehr über den Nord- und Südatlantik und eine regelmäßige Flugstrecke nach Tokio machte der 1. September 1939 ein Ende.

Der Reichsmarschall am Ruder

Zweifellos war die Lufthansa auch schon vor 1933 ein Staatsbetrieb. Aber seit Hermann Göring am 5. Mai 1933 das Amt als Reichsministers für Luftfahrt übernommen hatte („Alles was fliegt gehört mir!"), griffen er und sein Ministerium massiv in die Unternehmensbelange und -führung ein. Dabei kam ihm sein alter Kriegs- und Fliegerkamerad aus Weltkriegszeiten, Pg. (ab 1933) und Ex-Hauptmann Erhard Milch, seit der Gründung 1926 Vor-

Mit diesem eleganten Vogel – der schnittigen Dornier Do 26 – plante die Lufthansa bereits den Passagierverkehr ab Lissabon über den Südatlantik. Doch diese Route beflog vor dem Krieg kein Fluggast mehr. Auch der angestrebte Postverkehr via Nordatlantik kam nicht zustande. Die Konzession wurde verweigert, weil die USA sich außerstande sahen, „die angebotene Gegenseitigkeit zu nutzen".

Lufthansa-Vorstand, Parteigenosse, Staatssekretär, Generalfeldmarschall, Aufsichtsratsvorsitzender: Erhard Milch

stand der Lufthansa, gerade recht. Die persönliche Beziehung erleichterte die Durchführung der mit der Lufthansa verbundenen Absichten.

Die Nationalsozialisten hatten schon lange ein Auge auf das Unternehmen geworfen, denn das fliegerische Potential und Personal sollte ihnen bei der geplanten gigantischen Aufrüstung der Luftwaffe die nötige Hilfestellung leisten. Göring holte Milch („Oberstes Ziel aller Arbeiten auf dem Fliegergebiet ist die Schaffung von Luftstreitkräften!" – Pg. Milch im Jahre 1933, als Luftrüstung gemäß Versailler Vertrag noch verboten war) als Staatssekretär in das Ministerium, formell verblieb Milch aber bis 1943 im Lufthansa-Vorstand. Das Unternehmen bekam nun neue Aufgaben, viele Piloten wechselten zur noch verbotenen Luftwaffe, die Ausbildung und ihre ersten geheimen Übungen auf dem russischen Flughafen Lipezk unter Ausschluss der Öffentlichkeit durchführte. Das sah ein Geheimvertrag mit den Sowjets so vor, die dafür als eine Gegenleistung eine Junkers-Fabrik in Fili bei Moskau erhielten. Die Lufthansa hatte im Rahmen der geheimen Aufrüstung, die ab 1935 ganz offiziell in atemberaubendem Tempo vonstatten ging, Flugzeuge, Flugboote und Katapulte zu erproben, auf den Nachtstrecken Bomberbesatzungen und in den Werften technisches Personal auszubilden. Auch in Mobilmachungspläne wurde sie einbezogen, Erhard Milch als Görings rechte Hand war schließlich verantwortlich für die Luftrüstung.

Im Januar 1939 – nach der Annektion Österreichs – übernahm die Lufthansa auch den Flugbetrieb der

Unter der Leitung des „fliegenden Direktors" Carl August von Gablenz findet vom 24. August – 27. September 1937 die Pamir-Expedition statt. Blick aus einer Ju 52 während der Erkundung über dem Hindukusch.

österreichischen Luftverkehrs AG (ÖLAG). Kurz vor dem Ausbruch des Zweiten Weltkrieges stellte die Lufthansa am 31. August 1939 den Flugbetrieb vollständig ein. Das galt auch für den anfangs riskanten (mehrere Maschinen gingen verloren) Postverkehr mit Südamerika über den Südatlantik. Nach 481 Südatlantik-Überquerungen kamen zuletzt noch die Do-26-Flugboote zum Einsatz, die über eine Kabine für Passagiere verfügten. Zu einem Liniendienst kam es aber nicht mehr, alle Lufthansa-Aktivitäten Kurs Südamerika wurden beendet. Die dort agierenden Lufthansa-Gesellschaften, die in langjähriger Aufbauarbeit ein Flugnetz in großen Teilen des Kontinents erst ins Leben gerufen hatten, wurden nach und nach nationalisiert.

Ende der dreißiger Jahre stand neben der Focke-Wulf Fw 200 auch die Junkers Ju 90 als Linienflugzeug zur Verfügung. Sie bot Platz für 40 Fluggäste und flog sowohl mit BMW- als auch mit Junkers-Motoren. Eine neue Ära der Verkehrsluftfahrt kündigte sich an.

„Alles was fliegt gehört mir!" – Reichsmarschall Hermann Göring

Die Lufthansa-Flotte der dreißiger Jahre

überwiegend eingesetzte Flugzeugmodelle

Junkers G 38 mit vier Junkers-Motoren verschiedener Baureihen, doppelstöckig, 7 Besatzungsmitglieder, 34 Fluggäste, nur zwei Exemplare gebaut. Erstflug November 1929

Junkers Ju 52, Erstflug 7. Mai 1932, 15 Fluggäste, 2 Mann Besatzung. Höchstgeschwindigkeit 235–315 km/h (1938), 3 Motoren – überwiegend die bekannten Stern-Motoren von Pratt & Whitney „Hornet", max. 2.145 PS

Die revolutionäre Heinkel He 70 mit glykolgekühltem BMW-Motor von 600 PS,
Kabine für 4 Fluggäste, Höchstgeschwindigkeit mit BMW-Motor 377 km/h

Ernst Heinkels He 70 gelang
eine ganze Reihe von Rekorden, die hier das Schild stolz
verkündet.

Heinkel He 111, zweimal
heißgekühlter BMW-Motor
mit je 600 PS, schnellstes
Verkehrsflugzeug der Zeit mit
410 km/h, 10 Fluggäste

Die einmotorige Junkers Ju 160 mit den Weimarer
Farben am Leitwerk. Im Dienst der Lufthansa waren
rund zwanzig dieser Flugzeuge im Einsatz.

Junkers Ju 86,
Erstflug 4. November 1934,
10 Fluggäste,
2 Mann Besatzung.
Höchstgeschwindigkeit
310 km/h,
2x Jumo 205 je 600 PS

Flugboot Dornier Do 26, 4 x Junkers Diesel Jumo 205 mit je 600 PS, Erstflug Mai 1938, vorgesehen für den Post- und Linienverkehr über den Atlantik, max. 4 Fluggäste

Flugboot Blohm & Voss Ha/BV 139, ausgelegt für den Postdienst über den Atlantik, vier Jumo 205-Diesel-Motoren, 3 Flugzeuge (Nordwind, Nordstern, Nordmeer) ab Oktober 1936 im Lufthansa-Einsatz

Junkers Ju 90 Verkehrsflugzeug, Erstflug 28. August 1937,
40 Fluggäste, Höchstgeschwindigkeit 350 km/h, vier Motoren von BMW und Junkers (3.000 bzw. 4.800 PS), ab 1938
im Dienst

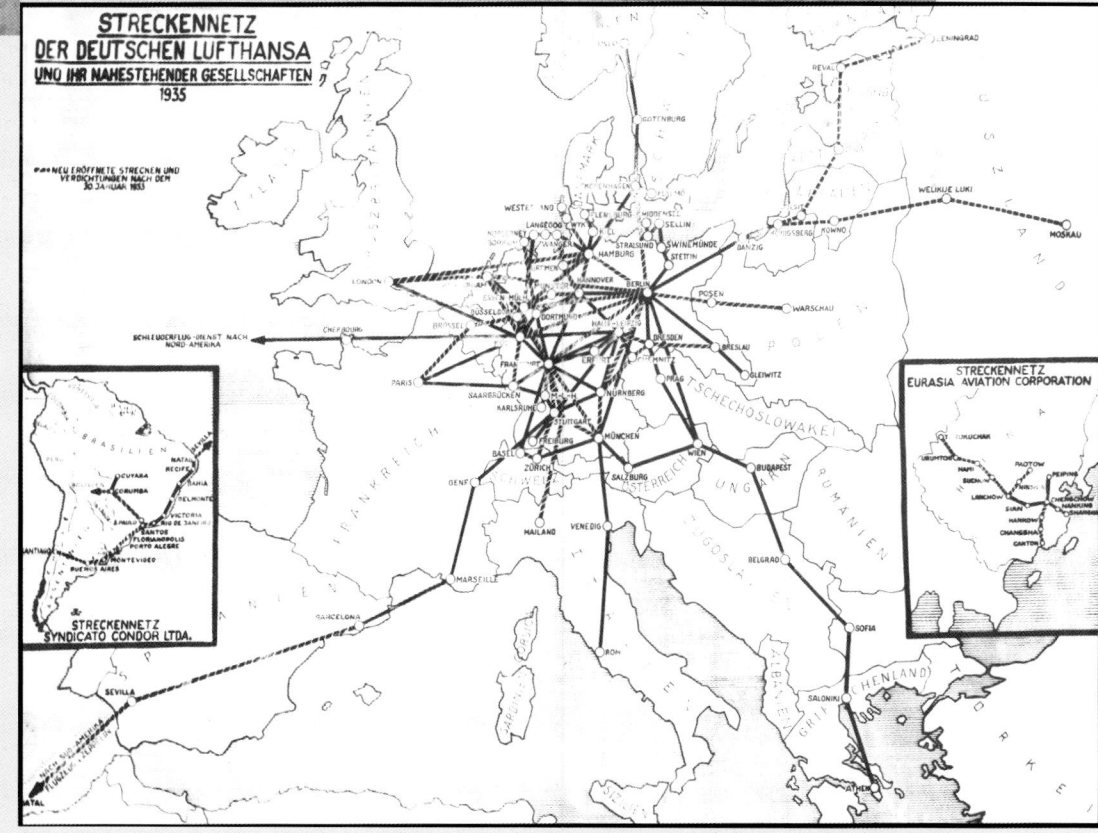

Feldgrau statt gelb-blau

– die Lufthansa im Dienste der Luftwaffe

Die Luftpolizei gibt den Start einer Ju 90
auf dem Flughafen Berlin-Rangsdorf frei.

Planungsmodell für die Stadtseite des Flughafens mit vom Kreuzberg herabstürzender Kaskade, eingefasst durch zwei Obelisken

Ein Generalmajor im Vorstand, ein Generalfeldmarschall im Aufsichtsrat

Als am 21. September 1939 nach Kriegsausbruch die Flüge wieder aufgenommen wurden, diente jetzt aus militärischen Gründen nicht mehr Tempelhof, sondern der Ersatzflughafen Berlin-Rangsdorf, der eigentlich Sportfliegern vorbehalten war, dem zivilen Flugverkehr. Auch Schweden und Dänemark flogen Deutschland wieder an, das Lufthansa-Streckennetz wurde aber eingeschränkt und umfasste nur ausgewählte innereuropäische Verbindungen. Das „Reichsleistungsgesetz" erlaubte staatlichen Stellen den vollständigen Zugriff auf die Lufthansa.

Da sich der Flughafen Berlin-Rangsdorf jedoch als unzureichend erwies, durfte die Lufthansa ab dem 7. März 1940 den Flugverkehr wieder in Tempelhof aufnehmen. Aus einer Vereinbarung mit dem Reichsluftfahrtministerium über „Besondere Leistungen der Lufthansa aufgrund des Kriegszustandes" ergab sich die Verpflichtung, Flugzeuge und Motoren an Reichs-

luftfahrtministerium und militärische Verbände abzugeben. Luftwaffe und Marine übernahmen Teile der Flotte. Dienstverpflichtete Lufthansa-Mitarbeiter warteten und reparierten in Betrieben hinter der russischen Front Triebwerke, im besetzten Ausland entstanden technische Basen. Streckenführung und Flugdienst bestimmten jetzt Regierungsstellen, Linienflüge fanden nur noch in verbündete oder befreundete Staaten statt und hatten sich an der Kriegslage zu orientieren. Im März 1940 wurden noch immer 16 Länder und 25 ausländische Städte angeflogen. Faktisch jedoch hatte die Lufthansa „ihre technische Organisation ... in weitgehendem Maße der deutschen Wehrwirtschaft zur Verfügung gestellt". Trotzdem wurden 1939 – im ersten Kriegsjahr – noch 235.000 zahlende Fluggäste befördert.

1941 begann die Erosion des Streckennetzes. Die „Lufthansa Peru" stellte den Flugbetrieb ein. Die Eurasia flog nur noch im Auftrag der chinesischen Regierung, deutsche Mitarbeiter verließen das Land. Im gleichen Jahr starb Generalluftzeugmeister Ernst Udet von eigener Hand. Sein Nachfolger als technischer Leiter des Reichsluftfahrtministeriums wurde erst einmal der Weltkriegsflieger und Flugpionier Freiherr Carl August von Gablenz, der jedoch bereits im Jahre 1942 durch einen Absturz mit seinem Siebel-Kurierflugzeug über Sachsen (bei Riesa), sein Leben verlor. So mancher vermutete, dass bei dem ominösen Flügelbruch Sabotage im Spiel war.

Auch von Gablenz war – wie Vorstand Erhard Milch – nicht nur Lufthansa-Vorstand. Er bekleidete einen hohen militärischen Rang, er war Generalmajor, Wehrwirtschaftsführer und Träger des Ritterkreuzes. Mit ihm starben seine beiden Begleiter, ein Oberfeldwebel und ein Ministerialdirektor. Hitler persönlich ordnete zum Begräbnis einen Staatsakt an. Erhard Milch hielt die Gedenkrede und übernahm die Aufgaben des Verstorbenen im Ministerium. Er war mittlerweile Generalfeldmarschall und ebenfalls Ritterkreuzträger, zeitweilig kommandierte er selbst Luftflotten.

Als 1943 der Aufsichtsratsvorsitzende Dr. Stauß verstarb, wurde sein Nachfolger – Erhard Milch. In diesem Jahr 1943 musste die Lufthansa ihre Anteile an der spanischen Iberia aufgrund einer vertraglichen Vereinbarung an spanische Stellen verkaufen.

Erhard Milch

Der am 30. März 1892 in Wilhelmshaven geborene Milch trat im Februar 1910 nach bestandenem Abitur als Fahnenjunker in das Heer ein und wurde 1911 Leutnant. Ab 1. Juli 1915 wurde er als Flugzeugbeobachter ausgebildet und eingesetzt. Hierbei erwarb er sich das Eiserne Kreuz I. Klasse. Kurz vor Ende des Ersten Weltkriegs erhielt er das Kommando über die „Jagdgruppe 6". Nach dem Krieg wurde Milch Geschäftsführer der „Danziger Luftpost GmbH" und von 1921 bis 1923 Leiter der Flugbetriebsabteilung der Lloyd Ostflug GmbH, die von Junkers übernommen wurde (später Junkers-Luftverkehrs-AG). 1924 war er für Junkers in Süd- und Nordamerika. Göring hatte ein Faible für „alte Kameraden". Gleich nach der sogenannten Machtergreifung der Nationalsozialisten wurde Lufthansa-Vorstand Milch vom neuen Reichsluftfahrtminister angeworben und war als Staatssekretär in den 1930er-Jahren für den Aufbau der Luftwaffe zuständig.

Im November 1938 erfolgte die Beförderung zum Generaloberst und 1938 zum Generalinspekteur der Luftwaffe. Bei der Besetzung Norwegens führte Milch vorübergehend die Luftflotte 5. Im Juli 1940 wurde er zum Generalfeldmarschall befördert und war ab 1941 Generalluftzeugmeister. Im Januar 1943 organisierte Milch die Luftversorgung der 6. Armee im eingeschlossenen Stalingrad. Dazu begab er sich mit engen Mitarbeitern aus dem Reichsluftfahrtministerium (RLM) direkt an die Front. Der gescheiterte Stalingrad-Einsatz führte zu unersetzlichen Verlusten von Menschen und Material bei der Luftwaffe.

Als Generalluftzeugmeister war Milch der eigentliche Leiter der technischen Entwicklung und der Rüstungsproduktion der Luftwaffe. Neben Rüstungsminister Albert Speer wurde Milch zum zentralen Akteur der deutschen Rüstungsproduktion, insbesondere der Luftrüstung, die er bis August 1944 leitete. Doch seinen Zenit im Dienst bei der Luftwaffe hatte er schon überschritten, als er die Jägerproduktion, also den Großteil der deutschen Luftrüstung, Anfang 1944 nach verheerenden Angriffen der Alliierten (big week) auf deutsche Städte und Rüstungsziele an den sogenannten Jägerstab – sprich das Rüstungsministerium – abgeben musste.

GFM Erhard Milch, der auch eine Flugzeugführerlizenz besaß

Der Sturzflug des Dritten Reiches bedeutete auch das Ende von Erhard Milch. Albert Speer bootete ihn als Verantwortlichen für die Luftrüstung aus. Beide fanden sich auf der Anklagebank im Nürnberger Tribunal wieder. Auf dem Höhepunkt des Krieges arbeiteten bei der Lufthansa 8.000 ausländische Beschäftigte. Das Attentat vom 20. Juli sah zwei Lufthansa-Juristen als Beteiligte am Umsturz. Einer konnte in das Ausland fliehen, sein Mitverschwörer wurde verurteilt und fand auf einem Gefangenentransport wenige Tage vor Kriegsende den Tod.

Verkehrsleiter Bongers verlagerte 1945 weisungsgemäß die letzten Lufthansa-Aktivitäten nach München. Am 8. Mai dieses Jahres waren Deutschland, Tempelhof und die Lufthansa-Flotte zertrümmert. Der Versuch des letzten aktiven Lufthansa-Vorstandes, Walter Luz, sich über alte Beziehungen aus Deruluft-Zeiten mit den Sowjets zu arrangieren und die Lufthansa zu erhalten, ging gründlich schief. Man verdächtigte ihn der Spionage und verurteilte ihn zu 15 Jahren Kerker. Mit der „Proklamation No. 2" vom 2. August 1945 verboten die Alliierten die Herstellung, Besitz und Betrieb von Flugzeugen durch Deutsche. Mit dem „Gesetz 52" der Militärregierung wurde das Lufthansa-Vermögen beschlagnahmt und alle Personen, die nach dem 1. April 1933 für die Lufthansa tätig gewesen waren unter Aufsicht gestellt. Am 15. Februar 1951 fand auf alliierte Anordnung eine außerordentliche Hauptversammlung statt, die die Auflösung der Lufthansa mit Wirkung vom 1. Januar 1951 beschloss. Am 18. November 1965 wurde die erste Lufthansa auch formell im Berliner Handelsregister gelöscht. Die erste Epoche der Lufthansa-Geschichte war damit abgeschlossen.

Die Lufthansa-Flotte hatte seit Kriegsbeginn September 1939 keinerlei innovative Neuzugänge mehr erfahren. Die deutsche Luftfahrt-Industrie war ab Ende 1939 vollständig auf Kriegsproduktion eingestellt, Neuentwicklungen für den zivilen Bereich kamen über das Projektstadium nicht mehr hinaus.

Am Ende des „Tausendjähri-
gen Reiches" liegt nicht nur
Tempelhof in Trümmern.

Up, up'n'away – in neuen
Uniformen schwingen sich Lufthansa-Crews
erneut in die Lüfte – es darf wieder geflogen werden.

Lufthansa-West:
Schwarzmarkt statt Tempelhof

Eigentlich begann der zweite Start der Lufthansa zumindest in der „Westzone" bereits 1945 mit einem Provisorium das man auch „Notlösung" nennen kann. In Tempelhof entstanden die „Hansa-Werkstätten", in denen ehemalige Mitarbeiter Autowracks fahrbereit machten und gegen Lebensmittel an Angehörige der Roten Armee eintauschten. Als nächstes trat eine „Hansa Reise und Verkehr GmbH" auf Initiative ehemaliger Lufthansa-Angehöriger auf den Plan. Es gab noch weitere Versuche, die Lufthansa zu reanimieren. Aber solange die misstrauischen Alliierten dem ablehnend gegenüberstanden, waren die Aussichten trübe. Allerdings,

Großer Bahnhof – der Neuanfang der Lufthansa stößt auf reges Publikumsinteresse.

ab 1948 durften Deutsche wieder fliegen – wenn auch nur als Passagiere. Es keimte ein wenig Hoffnung auf, zukünftig auch selbst wieder mit eigenen Maschinen in die Luft steigen zu dürfen. Schon bald entdeckten die Amerikaner, dass sich unter den ehemaligen Lufthansa-Angehörigen auch erfahrene Techniker befanden. Sie riefen eine aus Deutschen gebildete War-

tungsgruppe ins Leben, die sich mit der Instandhaltung amerikanischer Maschinen befassen sollte. Unter den Angehörigen dieser „Wartungsgruppe" befand sich auch der erste spätere Technik-Vorstand der Lufthansa, Dipl.-Ing. Gerhard Höltje. Der Startschuss aber kam nicht von den Alliierten, sondern aus der Ministerialbürokratie der neuen Republik in Bonn. Es sollte nun nicht mehr allzu lange dauern.

Büro Bongers

Am 29. Mai 1951 beauftragte der Bundesverkehrsminister Dr. Hans Seebohm den ehemaligen Verkehrsleiter der Lufthansa, Hans M. Bongers, der über Junkers in Dessau zur Fliegerei gekommen war, die „Bundesregierung in Fragen eines zukünftigen deutschen Luftverkehrs" zu beraten. Die exportorientierte erfolgreiche Wirtschaftswundernation brauchte dringend bessere Verbindungen in die Welt. In Köln am Kaiser-Wilhelm-Ring 20 entstand das „Büro Bongers", dem als technischer Fachmann der Diplom-Ingenieur Gerhard Höltje angehörte.

Lufthansa-Uniform 1955–65

Höltje war schon als Abnahme-Ingenieur bei Heinkel, Dornier und Blohm & Voss für die Lufthansa tätig gewesen und hatte als Angehöriger der deutschen „Wartungsgruppe" der US-Besatzungsmacht in Berlin erste Erfahrungen mit modernen amerikanischen Maschinen gesammelt. Am 8. November 1951 konstituierte sich auf Betreiben des Verkehrsministeriums der „Vorbereitungsausschuss Luftverkehr". Am 6. Januar 1953 folgt die „Luftag", die Aktiengesellschaft für Luftverkehrsbedarf mit einem Kapital von 6 Millionen DM, der wiederum beinahe schon traditionsgemäß ein Mann der Deutschen Bank als Aufsichtsratschef vorstand – Dr. Kurt Weigelt. Die Männer „der ersten Stunde" Bongers und Höltje wurden zu Vorstandsmitgliedern ernannt.

Im Juni bestellte die Luftag ihre ersten Flugzeuge in den USA – vier Lockheed Super Constellations. Dieser Bestellung folgt eine Festbestellung von vier weiteren Convair 340 in den USA. In Köln begannen Nachschulungen von Piloten und Navigatoren. Im November beschloss eine außerordentliche Hauptversammlung eine Kapitalerhöhung auf 25 Millionen DM, im Dezember wurde ein Mietvertrag mit dem Hamburger Flughafen abgeschlossen. Hier sollte die technische Basis der Lufthansa entstehen – dereinst einmal größter Arbeitgeber der Stadt. 1954 beschloss die Hauptversammlung der Luftag die Umbenennung in „Deutsche Lufthansa Aktiengesellschaft" und erhöhte das Kapital auf 50 Millionen DM. Am 29. November trafen die ersten beiden Convair CV 340 in Hamburg-Fuhlsbüttel ein. Ein neuer Start stand unmittelbar bevor.

Endlich wieder im Steigflug

Der Januar und Februar 1955 sah die ersten Flugbegleiter der neuen Lufthansa die Schulbank drücken. Der erste Lehrgang begann in Hamburg. Ihm sollten hier weitere 49 Lehrgänge folgen, bevor die Lufthansa 1964 die Schulung aus Kapazitäts- und organisatorischen Gründen nach Frankfurt verlegte.

Am 31. März ging die Werfthalle der Lufthansa-Basis Hamburg in Betrieb, am Morgen des 1. April starteten die Convairs mit Sondergenehmigung zu ersten innerdeutschen Flügen, zeitgleich ab Hamburg und München, der Lufthansa-Flugplan umfasste jetzt vier tägliche innerdeutsche Verbindungen. Am 5. Mai traten die Pariser Verträge in Kraft, die Bundesrepublik erhielt ihre Souveränität und Lufthoheit. Mitte des Jahres begannen die ersten Europa-Dienste nach Madrid, London und Paris, am 8. Juni startete die legendäre viermotorige Super Constellation („Die berühmteste Dreimotorige – ein Motor fiel doch immer aus ..." – soviel zu den Allüren der „Königin der Lüfte") in Lufthansa-Bemalung mit dem Kranich auf dem Leitwerk erstmals zum Liniendienst nach New York. Der interkontinentale Anfang war gemacht. An Bord des Flugzeuges als Ehren-

Die Convair CV 440 „Metropolitan" in vollständiger farbiger Bemalung mit traditionellem Kranich. Dieses Design blieb bis Anfang der sechziger Jahre gültig.

gast: James C. Fitzmaurice, Co-Pilot des gewagten ersten Atlantikfluges in Ost-West-Richtung mit Hermann Köhl, v. Hünefeld und einer Junkers W 33 im Jahre 1928. Die neue Lufthansa nahm rasant Fahrt auf.

Aber – es gab seit dem 1. Juli 1955 noch eine Lufthansa. Und zwar in der unter Viermächte-Verwaltung stehenden Hauptstadt Berlin, die von Westdeutschland aus nur von ausländischen Fluggesellschaften durch die drei Luftkorridore angeflogen werden durfte. Das bestimmte der von den vier Siegermächten für Berlin eingesetzte alliierte Kontrollrat. Während also im Westen sich erst einmal deutsche Piloten als „Lehrlinge" an der Seite amerikanischer und englischer Flug-

kapitäne die ersten Lizenzen ersaßen, probten hinter dem „Eisernen Vorhang" DDR-Kollegen neben russischen Piloten und übten statt auf Convairs und Lockheeds auf Iljuschins.

Natürlich wollte sich der deutsche Ikarus in beiden Gesellschaften möglichst bald von der Vormundschaft der ausländischen „Chefs" im Cockpit emanzipieren. Das sollte auch nicht mehr lange dauern (1957). Aber erst einmal ging es darum zu klären, wo denn nun die neue Lufthansa zu Hause war – in Köln oder in Schönefeld? Der „Kalte Krieg" bestimmte das Klima. Ein schwieriger Rechtsstreit auf internationaler Ebene zeichnete sich am Horizont ab.

Der Convair CV 340 folgte ab 1957 die hier abgebildete Convair CV 440 „Metropolitan".

Das typische, dreigeteilte Leitwerk der Super Constellation machte dieses Flugzeug unverkennbar. Im Vordergrund das Turboprop-Triebwerk einer Vickers Viscount.

Mit ihren 2x 1.900-PS-Moto-
ren flog die Iljushin Il-14 mit
einer Reisegeschwindigkeit
von 320 km/h.

Auch im Osten was Neues:
Die „Rote Hansa"

Die Regierung des „Ersten Deutschen Arbeiter- und
Bauernstaates" hatte nicht die Absicht, dem westdeutschen kapitalistischen Klassenfeind am Himmel
den Vortritt zu lassen. So entstand am 1. Juli 1955 eine
weitere neue Lufthansa, die Nr. 3 von allen. Sie nahm
von Berlin-Schönefeld ausgehend im September 1955
den Flugbetrieb auf, Interessenskonflikte waren vor-
programmiert. Man flog zuerst DDR-intern, nahm aber
noch im gleichen Jahr Kurs auf die Hauptstädte des
Ostblocks. Ab 1957 durfte auch die Lufthansa-Ost ohne
Aufsicht durch den „Großen Bruder" in die Lüfte. Es
kam zu jahrelangen rechtlichen Auseinandersetzungen vor nationalen und internationalen Gerichten, die
erst 1963 ihren Abschluss fanden. Die Interflug übernahm die Lufthansa-Ost, verzichtete auf Markenna-
men und Kranich und flog ab 1. September 1963 nur
noch unter dem eigenen Etikett. Ein Flugverkehr zwischen den beiden deutschen Staaten fand nicht statt

Adrett und stets charmant, eine
Stewardess der DDR-Lufthansa von 1958.

und der Anflug West-Berlins blieb der westdeutschen Lufthansa nach alliiertem Recht noch für lange Zeit verwehrt. Der Zugang zu den drei Luftkorridoren von Hamburg, Hannover und Frankfurt blieb gemäß dem Beschluss des alliierten Kontrollrates vom 30. November 1945 den Militär- und Zivilflugzeugen der Siegermächte vorbehalten. Das lukrative Privileg des garantierten Streckenkartells konnten Air France, British Airways und Pan Am noch Jahrzehnte genießen. Erst die Ereignisse von 1989 brachten hier die Wende. Schon 1988 hatte die Lufthansa begonnen, mit der Interflug zu kooperieren. Das hing mit der Anschaffung von Airbus-Flugzeugen durch die Interflug zusammen. Am 24. Juni 1988 schlossen Lufthansa und Interflug einen Vertrag über die Wartung und Überholung der Airbus-Maschinen der Interflug. Ab Juni 1989 unterstützte die Lufthansa die Interflug bei der Einführung der Airbus-Flotte. Als nach der Wiedervereinigung eine Fusion der Lufthansa mit der Interflug geplant und bereits verabredet war, schritt das Bundeskartellamt ein und untersagte am 30. Juli 1990 die Übernahme der Anteile. Die Interflug wurde liquidiert, ihre drei modernen Airbus A 310 erwarb das Bundesministerium für Verteidigung zu Sonderkonditionen für die Flugbereitschaft der Bundeswehr.

Dass die Lufthansa den Kontakt zu ihrem Heimatflughafen und zur Stadt ihrer Gründung nie abreißen

oben:
Die andere Lufthansa – 1957 in Dresden gebautes Mittelstreckenflugzeug Iljuschin IL 14 mit Kranich und Beschriftung in der DDR-Variante – zu besichtigen im Freigelände des Technik-Museums Hugo Junkers in Dessau.

mitte:
Am 3. Februar 1990 eröffnet die Interflug mit einer Tupolev TU 134 A den Liniendienst zwischen Dresden und Köln.

unten:
Ein Airbus A 310 der Interflug. Ein neues Zeitalter brach für die Besatzungen an – aber die Freude über die neuen modernen Flugzeuge hielt nicht lange an.

Abflug des Bundeskanzlers Dr. Konrad Adenauer nach Moskau am 8. September 1955. In seiner Begleitung u. a. Kurt Georg Kiesinger und der Oppositionsabgeordnete Carlo Schmid.

Eine Ehrenformation der Roten Armee begrüßt den deutschen Bundeskanzler bei seiner Ankunft am gleichen Tag in Moskau-Wnukowo. Politbüro-Mitglied Bulganin erwartet ihn auf dem Flughafen. Im Hintergrund die beiden Super Constellations der deutschen Delegation.

ließ versteht sich von selbst. Schon 1960 taufte Willy Brandt eine Boeing 707 auf den Namen „Berlin", 1982 übertrug Marianne von Weizsäcker den Namen auf eine Boeing 747, eine dritte „Berlin", eine Boeing 747-400 trägt ab 1990 den Namen der Stadt. Schon 1958 war am Ku'damm ein Stadtbüro eröffnet worden und am 28. Oktober 1991 um 9.04 kehrte die Lufthansa heim nach Berlin – der Airbus A 310 „Donaueschingen" landete in Berlin-Tegel. Die neue Lufthansa ist jetzt die einzige deutsche Linienfluggesellschaft am Platz.

Die Lufthansa schreibt Weltgeschichte

Am 6. September 1955 schwebten zwei Super Constellations der Lufthansa auf dem Flughafen Wnukowo in Moskau ein – es waren Sondermaschinen aus Bonn, an Bord Bundeskanzler Konrad Adenauer („es ist noch kein Meister vom Himmel gefallen") und eine deutsche Delegation. Es geht um Kriegsgefangene und die Aufnahme diplomatischer Beziehungen zwischen den beiden Staaten. Die Welt blickte nach Osten. Die Verhandlungen waren brisant und diffizil. Aber sie kamen zu einem guten Ende. Die beiden Sondermaschinen

gelangte aber diese revolutionäre Technik in Deutschland vor Kriegsende nicht mehr.

In der DDR sollte es in den frühen Fünfzigern einen Versuch geben, ein düsengetriebenes Verkehrsflugzeug zu bauen – die Baade B 152. Es sollte der Jet für die Lufthansa-Ost bzw. Interflug werden. Der Erstflug im Dezember 1958 war erfolgreich, ein ungenehmigter Demonstrationsflug zur Leipziger Messe am 4. März 1959 endete in einer Katastrophe. Die DDR-Führung nahm für immer Abschied von einer eigenen Luftfahrtindustrie.

Die Lufthansa setzte auf bewährtes und flog damit erst einmal sehr gut. Den ersten Convair CV 340 folgte eine modernisierte Version aus gleichem Hause – die Convair CV 440 „Metropolitan". Auch die Super Constellation hatte Nachfolgemodelle – bis zur „Super Star" 1957. Bei der Lufthansa ging es zu Beginn erst einmal darum, ein neues nationales und internationales Streckennetz aufzubauen. Diesem Ziel galt die oberste Priorität in den folgenden Jahren. Am 15. August 1956 erfolgte die Eröffnung des Streckendienstes nach Südamerika. Die Route: Düsseldorf/Frankfurt, Paris, Dakar, Rio de Janeiro, Sao Paulo, Buenos Aires. Sogar ein eigener Koch war an Bord der Super Constellation, es gab Menüs à la Carte, tatsächlich ein Bordservice auf wirklich „allerhöchstem Niveau".

Am 12. September folgt die Eröffnung der Nahostroute nach Istanbul, Bagdad und Teheran. Waren es zu Beginn 1955 etwa 1.100 Mitarbeiter, so beschäftigte die Lufthansa 1957 bereits 5.000 Personen. Zweifellos ein enormes Wachstum. Jetzt kam die Turbine ins Spiel. Jedoch – in der Variante als Turboprop, also mit Propeller. Die Vickers Viscount 814 aus England mit ihrem typischen und einzigartigen sirrend-heulendem Turbinengeräusch hörte man an jedem Flughafen aus allen anderen Maschinen heraus. Wie die Super Constellation war auch die Vickers Viscount eine sehr elegante Erscheinung. Bediente das amerikanische Modell die Langstrecken, so flog der noble englische Typ auf Kurz- und Mittelstrecken. Ein Europäer, der sich sehen lassen konnte und der stets wo er auftauchte unüberhörbar auf sich aufmerksam machte.

Man konnte nun meinen, in den ersten Jahren des Neuanfanges hätte sich die Lufthansa voll auf den Propeller-Trip begeben – weit gefehlt. Als traditionell fort-

Der Physiker Dr. Hans-Joachim Pabst von Ohain – hier ein Nachkriegsfoto vor einem Modell seiner epochalen Erfindung mit MTU-Geschäftsführer Dr. W. Hansen – baute für Heinkel die erste flugfähige Strahlturbine der Welt. Die damit ausgerüstete Heinkel He 178 flog erstmals am 27. August 1939.

brachten einen Kanzler mit Ergebnissen nach Deutschland zurück, die zu Hause Jubel auslösten. Die Gefangenen durften heimkehren. „Happy End" eines heiklen politischen Besuchs am Rande eines Eklats im Kreml, der in die Geschichte einging. Bald darauf wurden diplomatische Beziehungen zwischen Bonn und Moskau aufgenommen. Der Kalte Krieg war nicht mehr ganz so eisig. Eine deutsche Flugverbindung direkt zum Kreml ließ aber noch bis zum 5. Februar 1972 auf sich warten.

Fliegen mit Zylinder

Die Lufthansa begann im Jahre 1955 den Flugbetrieb auf konventionelle Weise – mit von vielzylindrigen Kolbenmotoren angetriebenen Propellerflugzeugen aus den USA. Zwar war in Deutschland das Düsentriebwerk erstmalig nach einem Patent des Dessauer Physikers Dr. von Ohain realisiert (Prototyp Heinkel He S 3 B, Erstflug 27. August 1939 in der Heinkel He 178) und auch in industrieller Serie gefertigt (Junkers und BMW) und einsatzreif gemacht worden, jedoch galt dies nur für Kriegsflugzeuge. Mit Strahltriebwerken zogen auch schon mehrmotorige Konstruktionen von Heinkel (He 280), Junkers (Ju 287), Arado (Ar 234) und Messerschmitt (Me 262) zum Teil bereits Jahre vor 1945 Kondensstreifen am Firmament. Zum Einsatz in Verkehrsflugzeugen

schrittliches Unternehmen befand man sich schon wieder an der Spitze der technischen Entwicklung. Die Öffentlichkeit ahnte davon aber noch wenig. Schon am 11. Februar 1956 hatte das Unternehmen mit Boeing in Seattle einen Vorvertrag geschlossen über den Kauf des wohl modernsten Jetliners am Horizont: Der Boeing 707. Vier Exemplare dieses wegweisenden Modells zum Stückpreis von 22 Millionen DM wollte man unter die Lufthansa-Fittiche nehmen. Ein Projekt, das große Vorarbeiten erforderte. Die generalstabsmäßige Planung des Einsatzes dieses überragenden Flugzeuges der

sechziger Jahre lief unter dem Decknamen „Paper Jet" im November 1956 an. Mit einem ausgefeilten Simulationsprogramm bereitete sich die Lufthansa auf das Düsenzeitalter vor.

Im Jahre 1958 begrüßte die Lufthansa ihren millionsten Fluggast seit Wiederaufnahme des Flugbetriebes. Seit Ende 1957 gab es zweimal wöchentlich einen Frachtdienst in die USA, im November 1959 wurde die Asien-Route eröffnet. Die Lufthansa flog wieder nach Bangkok, flog weiter auf Erfolgskurs. Propellermaschinen blieben noch bis 1971 im Dienst.

oberes und rechtes Bild:
Eines der schönsten Flugzeuge
aller Zeiten – die Lockheed Super
Constellation

linkes Bild:
Die durch ihr Motorengeräusch
unverwechselbare Vickers
Viscount 814 kurz vor dem Auf-
setzen über der Start- und Landebahn

Von Anfang an war die Lufthansa bei Wartungsaufgaben penibel bis ins letzte Detail.

Eindrucksvolle Aufnahme einer Convair vor der hell beleuchteten Wartungshalle

Wartung einer Ju 86 in Hamburg

Hier wird eine Vickers Viscount aus der Wartungshalle gezogen.

Die Lufthansa-Flotte der Fünfziger Jahre

überwiegend eingesetzte Flugzeugmodelle

Convair CV 340/440
„Metropolitan". Zwei
18-Zylinder Doppelstern-
motoren von Pratt & Whitney
mit je 2.500 PS

Lockheed L 1649 A „Super Star". 4 Motoren Curtiss Wright, 4 Mann Besatzung. Mit dieser Weiterentwicklung der Super Constellation endete die Lockheed-Ära bei der Lufthansa mit dem letzten Linienflug am 6. Oktober 1967.

Vickers „Viscount" 814, 4 Rolls Royce Dart Turbopropmotoren. 4 Mann Besatzung.

März 1960:
– Start ins Jet-Zeitalter

Die Boeing 707 leitete eine neue Ära im Weltluftverkehr ein. Sie war eine revolutionäre Maschine und flog bei der Lufthansa bis 1984.

Das Strahltriebwerk kehrt heim

Es war das Jahr, in dem ein revolutionärer Antrieb in das Land zurückkehrte, von wo aus der Siegeszug durch die Welt begonnen hatte – das Düsentriebwerk fand zu seinen Wurzeln zurück nach Deutschland. Bei Heinkel mit dem jungen Physiker Dr. Hans-Joachim Pabst von Ohain hatte es begonnen. Aber jetzt katapultierte das Strahltriebwerk keine Jäger und Jagdbomber mit überlegenem Schub in den Luftkampf, jetzt eröffnete es Reisenden neue Horizonte. Mit dem Düsenverkehrsflugzeug schrumpften die Distanzen – ferne Kontinente waren so schnell erreichbar wie nie zuvor. Ein revolutionärer Motor verlangte aber auch ein revolutionäres Flugzeug – und das war die Boeing 707. Zwar war sie nicht das erste Düsenverkehrsflugzeug, die Engländer mit ihrer Comet I hatten das Hochgeschwindigkeits-Neuland zuerst betreten. Jedoch deren Höhenflug stand unter einem unglücklichen Stern während die Boeing 707 mit triumphalem Erfolg durch die Welt jettete. Die Lufthansa gehörte zu den ersten Fluggesellschaften, die den turbinengetriebenen epochalen Wurf aus Seattle im Flugbetrieb einsetzte.

Dieses Flugzeug war nicht nur überlegen schnell, es war auch leise in der Kabine, vibrationsarm und sehr komfortabel. Es sollte Boeing einen der größten Verkaufserfolge der Firmengeschichte bringen und war das erste Flugzeug aus einer ganzen Flugzeugfamilie, die Boeing für lange Zeit an die Spitze der Hersteller von Verkehrsflugzeugen führte. Zwar zogen Lockheed, Convair und Douglas sehr schnell nach, den Nimbus der 707 aber erreichten ihre Maschinen nicht.

Nein, das war nicht mehr die enge Kabine, in der man kaum stehen konnte, das waren nicht mehr endlose Flüge über unendliche Wasserwüsten. Jetzt ließ sich der große Teich in nur wenigen Stunden überwinden, Reisekomfort und Flugzeiten erlebten einen Quantensprung. Und auch die Passagierzahlen stiegen in neue Dimensionen. War das Reisen durch die Luft zu Zeiten der Flugzeuge mit Kolbenmotoren noch ein Privileg wohlhabender Eliten gewesen, so demokratisierten die 707 und ihre Nachfolger das Fliegen für breiteste Kreise. Am Horizont erschienen strahlgetriebene Großraumflugzeuge und damit Massentourismus sowohl auf der Langstrecke als auch nach „Malle" Mallorca. Schon bald konnten sich immer mehr Menschen einen eigenen Eindruck davon verschaffen wie es ist, wenn beim Reisen die Zeit wie im Fluge vergeht.

Die Lufthansa sah sich aber weiterhin primär als eine Fluggesellschaft für den Geschäftsreisenden, Deutschland als führende Exportnation braucht nun einmal gute Verbindungen in alle Welt und damit in die Märkte. Die Boeing 707 blieb für zwei Dekaden bei der Lufthansa das Flaggschiff im internationalen Linienverkehr. In dieser Zeit wurden die Düsenverkehrsflugzeuge nach und nach immer größer. Kurzzeitig flogen bei der Lufthansa auch kleinere Versionen der 707 mit geringerer Kapazität für weniger frequentierte Strecken, Typenbezeichnung Boeing 720. Doch das blieb nur ein Intermezzo.

Sicher, Geschäftsreisende standen für die deutsche Fluggesellschaft weiterhin im Vordergrund. Doch die Zeiten hatten sich geändert und am boomenden Tourismusgeschäft wollte auch die Kranich-Linie partizipieren.

Lufthansa-
Uniform
1961–65

rechts unten:
Jet A 1 – Kerosin – ist der Stoff, der die Träume von Reisen in ferne Länder beflügelt, hier nimmt eine 707 den weltweit standardisierten Treibstoff auf.

Boeing 707-330 über dem höchsten
Berg der beiden Amerikas
– dem Aconcagua (1968)

Metamorphosen – **die Condor**, eine wandlungsfähige Tochter

Die Geschichte der Condor nahm ihren Anfang im Dezember 1919 mit der unter deutscher Beteiligung gegründeten SCADTA, der „Sociedad Colombo-Alemana de Transportos Aéreos" in Kolumbien. 1924 riefen Deutsche Aero Lloyd (DAL), Luft Hansa-Vorgängerin und kolumbianische SCADTA gemeinsam in Berlin das Condor-Syndikat ins Leben, eine Studiengesellschaft, die sich mit den Möglichkeiten des Luftverkehrs in Südamerika befassen sollte. Die Lizenzen des Condor Syndikats übernahm 1927 eine neue Luft Hansa Gesellschaft – die „Syndicato Condor Limitado". Sie baute das Streckennetz aus, einige Streckenabschnitte der Syndicato beflog die Lufthansa bald unter eigenem Namen, so entstand die Luftpoststrecke Frankfurt – Natal – Rio

de Janeiro – Buenos Aires – Santiago de Chile. Der Krieg beendete das Südamerika-Engagement der Lufthansa, das Streckennetz und die daran beteiligten Gesellschaften wurden nationalisiert. Aus SCADTA und Condor Syndikat gingen in Südamerika Nachfolgegesellschaften wie die brasilianische VARIG (deren größter Aktionär bei der Gründung Condor Syndikat hieß) und die kolumbianische AVIANCA hervor. Die peruanische Lufthansa stellt 1941 ihren Dienst ein. Doch der Name „Condor" sollte in den Weltluftverkehr zurückkehren.

Am 21. Dezember 1955 wurde die „Deutsche Flugdienst GmbH" ins Leben gerufen. Auch die Lufthansa war an der neuen Gesellschaft beteiligt. Dieser Vorläufer, der sich seit zwei Jahren vollständig in Lufthansa-

Besitz befand, firmierte ab dem 1. November 1961 als Condor Flugdienst GmbH, denn die Lufthansa hatte zuvor im gleichen Jahr den traditionsreichen Namen „Condor" vom damaligen Inhaber der Namensrechte, der August Oetker AG in Bielefeld, wieder zurück erworben. Die neue „Condor" sollte bald Millionen reiselustiger Passagiere zum Tourismustarif in die weite Welt fliegen.

1997 bündelten die Karstadt Tochter Neckermann und Lufthansa ihre touristischen Aktivitäten, es entstand die C & N Condor Neckermann Touristik AG, die Anfang 2001 die englische Reisegruppe Thomas Cook kaufte. Im Juni 2002 erfolgte der Zusammenschluss als Thomas Cook AG zum zweitgrößten Touristik-Konzern Deutschlands. Seit 2004 ist – nach schweren Turbulenzen auf dem Touristik-Sektor – die Condor als Folge einer Neuausrichtung der Strategie wieder da. Sie fliegt immer noch Millionen von Ferienreisenden rund um den Globus und feierte 2006 ihr Fünfzigjähriges.

Am 9. Februar 2007 verkaufte die Lufthansa ihren 50%igen Anteil an Thomas Cook an Karstadt Quelle und erhöhte gleichzeitig ihre Beteiligung an der Condor GmbH von 10 wieder auf 24,9%.

Nachfolgegesellschaften – auch Varig und Avianca gehen auf die Vorkriegs-Condor zurück.

Das Streckennetz wächst

Am 12. März 1960 startete die Lufthansa Boeing 707 zu regelmäßigen Flügen über den Nordatlantik, im Januar 1961 verlängerte die Lufthansa die Strecke nach Bangkok über Hongkong bis nach Tokio. Die Boeing 707 machte jetzt das Erreichen des schon 1939 angestrebten Asien-Zieles im Linienverkehr möglich. Mit dem ersten Linienflug nach Lagos/Nigeria begann am 4. März 1962 der Flugverkehr nach Afrika. Jetzt fehlte nur noch der fünfte Kontinent. Doch das konnte nicht mehr lange dauern. Frankfurt, mittlerweile nicht zuletzt aufgrund seiner zentralen Lage im Herzen der Bundesrepublik seit 1960 Lufthansa-Basis für Interkontinentalflüge, entwickelte sich zum europäischen Luftkreuz und Heimatflughafen der Flotte, Hamburg wurde das War-

tungszentrum der Lufthansa. In Frankfurt entstand im gleichen Jahr 1960 die größte Flugzeughalle Europas, die wegen ihrer Form sogenannte Schmetterlingshalle. In dieser Doppelhalle für die tägliche Wartung haben zweimal sechs Düsenflugzeuge nebeneinander Platz.

Ein Wechsel im Aufsichtsratsvorsitz und eine Kapitalerhöhung waren 1960 weitere wichtige Ereignisse. Im Aufsichtsrat folgte auf Dr. Weigelt der wohl prominenteste Banker seiner Zeit: Dr. Hermann Josef Abs, natürlich von der Deutschen Bank.

Im Mai 1961 stellte die Lufthansa die Boeing 720 B in Dienst, eine verkleinerte 707 für den Einsatz auf der Südatlantik-Strecke. Innerdeutsch startete die Bundespost gemeinsam mit der Lufthansa ihr erfolgreiches Konzept des Nachtluftpostnetzes.

Start einer Boeing 707-330 in Frankfurt, im Hintergrund die „Jumbo-Halle 5", 1970 die größte Flugzeugwartungshalle der Welt.

Ein Klassiker: die Boeing 727, hier noch in der Bemalung der frühen Sechziger

In diesen Jahren kam der komplette Pilotennachwuchs bereits aus der 1956 gegründeten Verkehrsfliegerschule in Bremen. Die ersten Absolventen erreichten 1962 den Status als Kapitän. 1964 stellte die Lufthansa als erste europäische Gesellschaft die Boeing 727 als „Europa-Jet" für Mittelstrecken bis in den Nahen Osten in Dienst. Die 727 entwickelte sich zum „Arbeitspferd" in der Flotte. Und eine neue Ostasienstrecke wurde eröffnet: Am 28. Mai flog erstmals eine Boeing 707 über den Pol (Kopenhagen – Fairbanks bzw. – Anchorage). Jetzt führten zwei Wege nach Tokio. Die Jets vervielfachten durch ihre Größe und Geschwindigkeit die Beförderungskapazität auf den von ihnen beflogenen Strecken beträchtlich. Eine Boeing 707 entsprach vier Super Constellations. Die Folge: Ein enormer Preisverfall, bedingt durch die Überkapazitäten. Der Wettbewerb nahm an Schärfe zu. Wer seine Flugzeuge auslasten wollte musste sich etwas einfallen lassen. Die Flugpreise sanken, so profitierte auch der Fluggast von der technischen Revolution im Luftverkehr. Die Passagierzahlen verdoppelten und verdreifachten sich. Die Lufthansa konnte 1961 mehr als 1,5 Millionen Fluggäste an Bord begrüßen. Trotzdem sank die Auslastung der Flugzeuge. Die Folge: katastrophale Verluste.

Es dauerte Jahre, bis nach der Umstellung auf den Jet die Strecken wieder rentabel beflogen werden konnten. Aber das Ziel wurde erreicht: Die Lufthansa konnte Ende 1964 stolz vermelden, dass sie zehn Jahre nach der Gründung mit einem beachtlichen Ergebnis in die Gewinnzone geflogen ist. Im gleichen Jahr erfolgte ein Wechsel im Vorstand: Auf die erste Generation der Gründungsvorstände folgte jetzt ein Trio aus zwei Ingenieuren und einem Juristen. Eine neue Führungsmannschaft hatte im Cockpit des Unternehmens Platz genommen. Sitz der Gesellschaft blieb vorerst die Alte Universität Köln.

Große Ereignisse werfen ihre Schatten voraus

Der fünfte Kontinent wurde endlich auch erschlossen. Am 3. April 1965 begann die Lufthansa mit Linienflügen nach Australien. Jetzt war das Interkontinental-Streckennetz des Unternehmens komplett, auf dem Lufthansa-Globus gab es keinen großen weißen Fleck mehr.

Für innerdeutsche und sonstige Kurzstrecken war die Lufthansa auf der Suche nach dem richtigen Flugzeug. Gegenüber Boeing ergriff man die Initiative und stieß mit der Bestellung von 21 Boeing 737 City-Jets als „Launching Carrier" den Bau eines Kurzstreckenjets an. Die Boeing 737 wurde das meistverkaufte Flugzeug der Welt und ging im Februar 1968 bei der Lufthansa in den Streckendienst. Mit einer Teilprivatisierung als Folge einer Kapitalerhöhung gelangten 1966 Lufthansa-Aktien erstmalig an die Börse.

Lufthansa-Uniformen 1965–70

Im Juni 1966 folgte ein wagemutiger Schritt in die Zukunft des Weltluftverkehrs. Die Lufthansa bestellte bei Boeing in Seattle drei Maschinen vom Typ Boeing 747. Der Jumbo war auf dem Weg in die Lufthansa-Flotte, das Zeitalter der Großraum-Jets stand vor der Tür. Stückpreis für einen 747-Jumbo: 105 Millionen DM. Im gleichen Jahr überschritt der Lufthansa-Umsatz zum ersten Mal die Milliardengrenze, Tendenz „steigend".

1967 verzeichnete die Lufthansa zwei wichtige Veränderungen: Das Kapitel der Langstreckenflüge mit viermotorigen Propellerflugzeugen ging zu Ende. Der letzte Linienflug einer Super Constellation schloss eine Ära des Flugzeugbaues nicht nur für die Lufthansa ab. Der Propeller ist tot, es lebe der Rückstoß!

„Sunshine every day" – diese Perspektive lockte die Lufthansa nicht zuletzt aus wirtschaftlichen Gründen dazu, den Großteil der fliegerischen Aktivitäten der Verkehrsfliegerschule Bremen in die Wüste zu verlegen, zuerst nach San Diego, Kalifornien, später nach Phoenix, Arizona. Den Ausfall von Flugstunden wegen schlechten Wetters konnten die Flugschüler nun vergessen. Aber das war nicht das einzige Argument, das junge Leute nach Amerika zog. „Go west" hatte auch noch andere schöne Seiten für angehende Piloten.

Die aktuellste Version der bewährten Boeing B 737 mit Zweimann-Cockpit bei der Lufthansa: Boeing 737-300

A Star is born

Im Jahre 1968 feierte ein Flugzeug bei der Lufthansa Weltpremiere, dessen Erfolgsgeschichte sich bis in unsere Tage fortgesetzt hat: Noch 2005 verzeichnete Boeing die meisten Flugzeug-Orders für einen Typ, den es ohne die Sonderwünsche der Lufthansa nicht gegeben hätte – die Boeing 737 City-Jet, das meistverkaufte Flugzeug der Welt. Die Einführung dieses Modells in den Linienverkehr fand bei der Lufthansa statt. Ab sofort konnte man auch auf Kurzstrecken „düsen". Ein Jahrzehnt näherte sich seinem Abschluss, das vor allem durch eine noch nie dagewesene technische Revolution geprägt wurde – der Einführung des Strahltriebwerkes, das aus Deutschland kommend nun die ganze Welt des Fliegens erobert hatte. Keine andere Erfindung hat den Weltluftverkehr so grundlegend beeinflusst und verändert. Das Düsenzeitalter wird für Jahrzehnte den Gang der Ereignisse in der Luftfahrt bestimmen.

Die Lufthansa war nun dabei, ihre Flotte konsequent auf einen Hersteller auszurichten, was große Vorteile in betriebswirtschaftlicher und logistischer Hinsicht brachte. Wie im Seeverkehr veränderten und beschleunigten genormte, auf den Rumpfquerschnitt angepasste Container und Iglus den Versand von Luftfracht, die sich zu einem beachtlichen Marktsegment mit dynamischem Wachstum entwickelte. Die Zeit der Nur-Frachter war gekommen; und der Kombi-Konfigurationen von Flugzeugen, die kombinierte Passage und Fracht erlaubten. Die Luftfracht trug jetzt erheblich zu den Erträgen bei – bereits 1965 beförderte die Lufthansa über 56.000 t. Doch das war erst der Anfang, denn der Export boomte.

„New Look"

Das Jahr 1968 – der Umsatz lag schon deutlich über der Milliardengrenze, die Zahl der beförderten Passagiere bei über 4,7 Millionen – brachte für die Lufthansa ein neues „Outfit". Dreizehn Jahre nach Neuaufnahme des Flugbetriebes sollte das Aussehen dem Zeitgeschmack angepasst werden – ein neues „Erscheinungsbild" war angesagt. Ein Design-Team machte sich an die Arbeit, das Aussehen der Flotte und alle sonstigen Details, die zur „Corporate Identity" gehören, dem Jet-Zeitalter entsprechend „durchzustylen". Das Ergebnis war eine modernisierte und aufgeräumte Erscheinung, die aber

Im Retro-Design:
ein Airbus A321 erinnert noch einmal im
21. Jahrhundert an das frühere Erscheinungsbild.

Vorher, nachher – das heutige Erscheinungsbild
an einem anderen Mitglied der A320-Familie
fordert zum Vergleich auf. Geschmackssache?

bei dem einen oder anderen gemischte Gefühle aus-
löste. Doch man wollte sich der neuen Zeit anpassen
und entschied sich für die Umstellung, die bis heute
den „Look" der Lufthansa prägt. Die Schrift wurde
modernisiert, alles schön gerundet, das „Aufpeppen"
war gelungen – das „Spiegelei" geboren. Über
Geschmack lässt sich bekanntlich trefflich streiten …

Mit Überschall in den Ruin?

In den späten sechziger Jahren machte ein futuristi-
sches Flugzeug von sich reden, dessen Anziehungskraft
sich auch die Lufthansa nur schwer entziehen konnte:
das britisch-französische Gemeinschaftsprojekt „Ein-
tracht" – die „Concorde". An diesem Überschallprojekt
schieden sich die Geister. Auch bei der Lufthansa ging
man mit dem Gedanken schwanger. Noch in den achtziger Jahren hing auf der Lufthansa-Basis im Frankfurter Arbeitszimmer des seinerzeitigen Lufthansa-Tech-

nikvorstandes Reinhard Abraham ein Modell der Concorde in Lufthansa-Bemalung. Gekauft wurde die Con-
dorde schließlich nicht – die Lufthansa ist damit einem
Fiasko entgangen, denn rentabel war der Flieger nie,
die Schlagzeilen, die er zuletzt machte, sind der Lufthansa dem Himmel sei Dank erspart geblieben. Die
Concorde war ein Überflieger, der zuletzt sang- und
klanglos zu Grabe getragen werden musste. Die Rechnung ging nicht auf. Als die einstige Avantgarde in die
Jahre kam, zahlten die letzten Romantiker die Zeche für
eine Legende, die nicht sterben durfte. Doch das Über-
schallflugzeug ist nicht wirklich tot. Irgendwann wird
seine Zeit wieder kommen, schließlich sprechen gute
Gründe für eine Renaissance. Die riesigen Reichweiten
moderner Maschinen aus Toulouse oder Seattle sind
für den Fluggast auf den ganz langen Flügen nicht unbe-
dingt eine reines Vergnügen. Hier tut sich ein reiches
Feld für Gedankenspiele auf.

Zweifellos war die Concorde
ein kühner Wurf und ihrer
Zeit voraus. Aber die Zeit
holte sie ein.

à la carte

Unser Küchenchef bietet Ihnen

heute zusätzlich

Gespickter Hasenrücken

Frischer gespickter Hasenrücken,

rosa gebraten und mit Wildrahm-

soße zubereitet.

*

Today our chef offers you

additionally

Larded saddle of hare

Fresh larded saddle of hare,

medium-rare roasted and served with

game-cream sauce.

Lufthansa

82/VI-A

Hamburg – Anchorage
ハンブルク ―アンカレッジ

Anchorage – Tokio
アンカレッジ ―東京

Flugzeit
Flight duration
飛行時間
7h30

Nachmittagskaffee

Feines Gebäck

Kaffee · Tee

Kaltes Buffet

Gebratene Poularde mit gefüllten Avocados
Schwarzwälder Bauernvesper
Kartoffelsalat
Waldorfsalat

Brot zur Wahl
Butter

Schwedenfrüchte

Kaffee · Tee

Cocktailstunde

Menü

Champignonkremsuppe

Zur Auswahl bieten wir Ihnen:

Pochierte Muscheln in Marsalasoße
oder
Pikant gefüllte Rinderrouladen
mit
Verschiedenen feinen Gemüsen
Reis
Butterkartoffeln

Spargelsalat mit verschiedenen Dressing

Butter Pecan-Eiskrem
mit heißer Schokoladensoße
Obstkorb
Brot · Butter

Kaffee
Kaffee-Kirsch · Kaffee-Asbach
Cognac · Liköre

Afternoon tea

Assorted pastries

Coffee · Tea

Cold buffet

Roast poularde with stuffed avocados
Black Forest farmer's lunch
Potato salad
Waldorf salad

Assorted bread
Butter

Fruit «Swedish style»

Coffee · Tea

Cocktails

Menu

Mushroom cream soup

We offer for your choice:

Poached scallops in Marsala sauce
or
Piquant stuffed beef rolls
with
Assorted vegetables
Rice
Buttered potatoes

Asparagus salad with choice of dressing

Butter pecan ice cream
with hot chocolate sauce
Basket of fresh fruit
Bread · Butter

Coffee
Coffee-Kirsch · Coffee-Asbach
Cognac · Liqueurs

午後のお茶

ペストリー盛り合わせ

コーヒー・紅茶

コールド ビュッフェ

ロースト チキン ブロイラー アボカド詰め
ブラック フォレスト ファーマーズ ランチ
ポテト サラダ
ウォールドルフ サラダ

パン盛り合わせ
バター

フルーツ(スウェーデン風)

コーヒー・紅茶

カクテル

メニュー

マッシュルーム クリームスープ

お好みによりお選び下さい:

ゆでほたて具 マルサラソース添え
又は
ピカント詰め ビーフロール
と
各種野菜
ライス
バター ポテト

アスパラガスサラダと各種ドレッシング

バター・ピーカン アイスクリーム
ホットチョコレートソース添え
〈だもの籠盛り〉
パン・バター

コーヒー
コーヒー・キルシュ・コーヒー・アスバッハ
コニャック・リキュール

1970
– Die „wide bodies" sind da

Giganten der Lüfte

Das Jahr 1970 brachte für die Lufthansa eine ganze Reihe bedeutsamer Veränderungen. Die lang erwartete Sensation auf der Langstrecke, die Boeing 747, das größte Verkehrsflugzeug der Welt, trat den Dienst auf der Nordatlantik-Rennstrecke Frankfurt – New York an. Am 26. April 1970 begann bei der Lufthansa das Zeitalter der Großraumflugzeuge. Die Lufthansa war die erste Fluggesellschaft in Europa, die den Riesen auf Langstrecken einsetzte: Maximal 322 t Startgewicht, bis zu 381 Fluggäste. Wer hier die Schubhebel nach vorn legte, brachte einen Giganten ins Rollen. Und es bewegte sich noch einiges mehr bei der Lufthansa.

Das Unternehmen selbst kam in Bewegung. Die Airline wechselte ihr langjähriges Domizil – aus der Alten Universität in Köln ging es in ein neues Verwaltungs-Gebäude in Köln-Deutz, direkt am Rhein, in die von-Gablenz-Straße 2 – 6, benannt nach jenem „fliegenden Direktor", der in den zwanziger und dreißiger Jahren die Lufthansa auf einen Weg gebracht hatte, der sich langfristig als richtig und erfolgreich erweisen sollte.

Auf der Lufthansa-Basis Frankfurt entstand für die größten Flugzeuge der Welt die größte Wartungshalle der Welt, die „Jumbo-Halle". Ein gigantisches Bauwerk für eine neue Dimension in den Lüften – die Boeing 747-100, mit der das Jumbo-Zeitalter bei der Lufthansa

Startvorbereitung für eine Boeing 747 am Drehkreuz Frankfurt

Insider-Einblicke für
Jumbo-Enthusiasten

Tatsächlich, die Boeing 747 F
hat eine ziemlich große
Klappe. Aber für ihre
Transportaufgaben ist das
genau richtig: Container-
Verladung in einen
Boeing-Frachter 747-200 F.
Guten Appetit!

begann. Auch mit diesem Neuzugang wuchs die Flotte. Allerdings nicht nur in Zahlen, sondern auch in den Abmessungen. Fürwahr echte Jumbo-Maße: Spannweite 64,44m, Länge 70,66 m, Höhe inklusive Leitwerk 19,40 m. Ein einziges Triebwerk musste im Extremfall bei Ausfall eines Motors beim Start und voller Beladung rund 110 Tonnen heben! Der Abgasstrahl, der die Turbine verließ, konnte einen Menschen noch in 50 m Entfernung umwerfen, von der Hitze ganz zu schweigen. Das war nun die atemberaubende neue Technologie auf ihrem Höhepunkt in den beginnenden siebziger Jahren! Auch das Innenleben dieses Luftriesen konnte sich sehen lassen. Viel Platz, ein neues Raumgefühl und gesteigerter Komfort bedeuteten ebenfalls eine neue Dimension beim Fliegen. Eine Wendeltreppe verband in der First Class zwei geräumige Etagen und führte in die Lounge im Upperdeck. Das passende Ambiente für Globetrotter und Mana-

ger. Auch der Service an Bord konnte jetzt in zwei breiten Gängen im Rumpf zu Höchstleistungen auflaufen.

Doch Boeing sollte nicht das einzige Unternehmen bleiben, dass mit Verkehrsflugzeugen in neue Größenordnungen vorstieß. Und eine Boeing 747 ließ sich auch nicht nur für die Passage einsetzen. Der boomende Luftfracht-Sektor – die Lufthansa nahm 1971 die größte Frachthalle der Welt in Betrieb – inspirierte zu kreativen Lösungen. So wurde die Lufthansa wieder einmal der Spiritus Rector beim Initiieren einer „big idea" – dem ersten Jumbo-Frachter. Durch die normierten Paletten und Container ließ sich die enorme Cargokapazität des Giganten optimal einsetzen. Nur das limitierte Startgewicht setzte die Grenze. 1971 bestand die gesamte Lufthansa-Flotte ausschließlich aus „Aircrafts" der Firma Boeing. Das sollte sich bald ändern. Doch noch etwas änderte sich in diesen Jahren: Die Struktur des Vorstandes. Ab 1971 gab es einen Sprecher im jetzt dreiköpfigen Gremium. 1972 ernannte der Aufsichtsrat den bisherigen Sprecher zum Vorstandsvorsitzenden. Dr. Herbert Culmann nahm als erster die Funktion wahr. Diese Führungs-Struktur sollte sich bewähren und von nun an beibehalten werden.

Im Jahr 1971 ging bei der Lufthansa auch der letzte Propeller in den Ruhestand. Die Vickers Viscount stellte

Lufthansa-Uniformen
1970–78

Innenleben: Frachtraum
einer Boeing 747-200 F

ihren Dienst ein. Die Entwicklung des Strahltriebwerks hatte ein neues Kapitel bei Flugmotoren aufgeschlagen. Doch der Propeller sollte noch eine Wiederkehr erleben.

1972 flog die Lufthansa erstmalig im Linienflug nach Moskau. Es war das Jahr, in dem die „heiteren Spiele" von München von einem schweren Anschlag überschattet wurden. Bei der Befreiungsaktion kam es zu einem tragischen Ausgang, Auftakt für eine neue Form der Erpressung: Die Entführung von Flugzeugen zur Durchsetzung politischer Forderungen – beispielsweise der Herausgabe von Gefangenen. Auch die Lufthansa sollte von dieser neuartigen Variante der Luftpiraterie mit Geiselnahme heftig betroffen werden.

1973 gab es erstmals einen Sonderflug nach Leipzig zur Messe. Aber das sollte bis auf weiteres das einzige Element einer Bewegung in den innerdeutschen Beziehungen sein. Sonst hieß es zu diesem Zeitpunkt „im Osten nichts Neues".

Konkurrenz belebt das Geschäft

Großraumflugzeuge: der Wettbewerb schlief nicht und wollte den Flugzeugbauern aus Seattle keineswegs kampflos das Feld überlassen. Doch erst einmal richtete sich die Aufmerksamkeit des fliegenden Publikums auf Fluglotsenstreik und Ölkrise, die das Jahr 1973 überschatteten. Es war das Jahr, in dem die Lufthansa eine weitere Asien-Route in den Flugplan aufnahm. Wer nach Tokio wollte, konnte sich jetzt aussuchen, ob er sein Sushi auf dem Flug über den Pol, über Bangkok, Karachi und Hongkong oder – ganz neu – hoch über Russland einnehmen mochte. Die Sibirien-Strecke erweiterte die Wahlmöglichkeiten für Fluggäste mit Ziel Fernost. Sie wurde bis 1984 beflogen. Derweil bandelte die Lufthansa mit zwei weiteren Herstellern von Großraumflugzeugen an: McDonnell Douglas und das europäische Airbus-Konsortium sorgten für eine neue Verteilung der Karten im internationalen Airline-Business.

Douglas DC 10-30 kurz vor der Landung auf dem Flughafen Kai Tak in Hongkong

Auch im Flug war die DC 10, die
über hervorragende Flugeigen-
schaften und ein komfortables
Platzangebot verfügte, ein echtes
Erlebnis – „smooth riding".

Denn der Jumbo hatte trotz seiner vielen Vorzüge auch zwei bedeutsame Nachteile. Seine luxuriöse Raumfülle verlangte nach einer entsprechenden Zahl von Passagieren, um die Plätze zu füllen und damit rentabel zu fliegen. Nicht jede Langstrecke wurde aber so stark frequentiert, dass sich ein Einsatz des Riesen lohnte. Hinzu kam, dass die Ökonomie der Großraum-Flugzeuge sich nicht nur auf Langstrecken rechnete. Auch auf Mittel- und Kurzstrecken konnte der größere Rumpfquerschnitt und der reduzierte Treibstoffverbrauch pro Sitz Gewinn bringen; wenn es entsprechende Flugzeuge gab. Die aber sollten nicht lange auf sich warten lassen. Denn bereits Ende 1972 hatte der Lufthansa-Aufsichtsrat der Aufnahme der Beziehungen zu einem Senkrechtstarter der Luftfahrtbranche mit der Bestellung von drei A300 zugestimmt, das 1970 nahezu aus dem Nichts gestartete Airbus-Konsortium konnte Fahrt aufnehmen.

In den regulären Flugbetrieb ging Anfang 1974 ein anderes Flugzeug aus US-Produktion: Die dreistrahlige McDonnell Douglas DC-10. Die für die Bedürfnisse der Lufthansa maßgeschneiderte Langstreckenmaschine bot Wirtschaftlichkeit auch bei geringerer Platzzahl. Genau richtig für einige Lufthansa-Strecken nach Südamerika und Fernost, auf denen der Langstrecken-Gigant aus Seattle einfach eine Nummer zu groß war.

Eine Erfolgsgeschichte namens Airbus

Es war einmal ein Politiker aus Bayern. Der brachte es zum CSU-Vorsitzenden und bayerischen Ministerpräsidenten. Auch war er ein guter Europäer, hatte aber trotzdem vor allem den Nutzen seines heimatlichen Freistaates im Sinn. Ein Hobby hatte er auch noch – die Fliegerei.

Das alles konnte man – politisch gesehen – doch zünftig miteinander unter einen Hut bringen: Man nehme die in München ansässige MBB, liebäugele mit den Franzosen, ziehe ein interessantes Luftfahrtprojekt an Land, mache Subventionen via Schwesterpartei in Bonn locker – und ein neues Luftfahrtzentrum in Toulouse auf. Freilich vorausgesetzt, dass auch für Bayern zukunftsträchtige Arbeitsplätze abfallen.

Gesagt, getan – trotz aller G'schaftlhuberei erwies sich die Idee nicht etwa als ein Subventionsfass ohne Boden, sondern als außerordentlich geschäftsträchtig. Franz Josef Strauß hatte tatsächlich den richtigen Riecher und „Fortune". Das Unglaubliche geschah: die verwegene Polit-Konstruktion entwickelte eine außerordentliche Dynamik und sollte sogar eines Tages selbst die erfolgsverwöhnte US-Luftfahrtindustrie heftig ins Grübeln bringen. Die Todsünde gegen den kapitalen Geist der freien Marktwirtschaft wuchs und wuchs und trug reichlich Früchte.

Am 10. März 1977 nimmt die German Cargo ihren Betrieb auf.

Das erste Modell, das auf den Markt kam, war der zweistrahlige Airbus A300, von dem die Lufthansa ja bereits Ende 1972 drei Maschinen geordert hatte. Dieses Trio trat zum Jahresbeginn 1976 seinen Dienst an und brachte Wide-Body-Komfort auf die Kurz- und Mittelstrecke. Der Airbus A300 war das erste Baby einer vielnasigen, weltweit erfolgreichen Flugzeugfamilie, die noch häufiger von sich reden machen sollte. Der vielleicht innovativste Flugzeughersteller der Welt hatte seinen Betrieb aufgenommen. Die Konkurrenz würde ihn schon sehr bald sehr ernst nehmen müssen.

Auch für die Lufthansa entwickelte sich die Airbus-Liaison zur glücklichen Verbindung. Mit dem Bus nach London, Paris oder Madrid? Ein schönerer Weg zur Arbeit ließ sich kaum vorstellen. Schon bald würden weitere Familienmitglieder das Licht der Welt erblicken. Die Lufthansa sollte dazu einen gewichtigen Beitrag leisten. Denn schon im Juni des Vorjahrs hatte die Gesellschaft weitere 12 Airbusse geordert. Schließlich beförderte man mittlerweile mehr als 10 Millionen Passagiere im Jahr – auch wenn Ölkrise, Lotsenstreik und Terror-Turbulenzen zeitweilige Umsatz- und Ertragsdellen zur Folge hatten. Und schon damals gab es Gemeinsamkeiten mit dem Schweizer Nachbarn. Gemeinsam mit der Swissair engagierte man sich bei der Neukonzeption eines weiteren Airbus-Modells – dem Airbus A310. Hier traten beide Gesellschaften als Erstbesteller, „Launching Carriers", auf. Es würde einmal eine Zeit kommen, in der beide Airlines noch sehr viel enger kooperieren sollten.

Auch das Frachtgeschäft konnte sich sehen lassen und entwickelte sich profitabel weiter. Schon 1973 hatte man ein eigenes Frachtterminal in New York einrichten müssen, jetzt ging die Lufthansa noch einen Schritt weiter. Im Jahre 1977 kam als neue Tochtergesellschaft die „German Cargo" hinzu – eine reine Frachtfluglinie. Im gleichen Jahr griff ein Rieseninvestitionsprogramm von einer Milliarde DM zur Flottenerneuerung, das bisher größte Investitionsvorhaben der Lufthansa. Auch bei der 747 änderte sich etwas. Die neue SL-Version konnte länger oben bleiben – Lufthansa konnte jetzt mit dieser Maschine nonstop bis an die Westküste der USA nach Los Angeles fliegen und im Kombi-Rumpf auch noch Container mitnehmen. Im Jahre 1978 kam als weitere Beteiligungsgesellschaft die DLT, die „Deutsche Regio-

nal Luftverkehrsgesellschaft" zum Konzern hinzu – jetzt war der Propeller erst einmal wieder da.

Oktober 1977 - Mogadischu

Auf dem Flug von Mallorca nach Frankfurt wurde die Lufthansa 737 „Landshut" Opfer einer Entführung. Nahöstliche Sympathisanten wollten mit Gewalt die inhaftierten RAF-Straftäter freipressen. Es kam zu einem Irrflug über Rom, Zypern, Bahrain, Dubai und schließlich Aden. Hier ermordeten die Entführer den Lufthansa-Flugkapitän. Jetzt schrillten die Alarmglocken in Bonn. Eine Sondereinheit machte sich auf den Weg, die Geiseln zu befreien. In Mogadischu kam es zum letzten Gefecht. Die GSG 9 stürmte das Flugzeug, Es begann eine Schießerei, drei der Entführer wurden erschossen, eine Mittäterin überlebte schwer verwundet. Die vier verbliebenen Crew-Mitglieder und alle 82 Geiseln kamen unverletzt frei.

Ankunft in Los Angeles – die erste 747 SL erreicht Los Angeles nonstop am 13. Mai 1977, die längste Nonstop-Strecke der Lufthansa ist eröffnet.

Zur Freude des Publikums führte die Lufthansa Niedrigpreise für Privatreisende ein – der „Holiday Tarif" war geboren. Die wachsende Konkurrenz der Charterfluggesellschaften machte diesen Schritt unumgänglich, trotzdem sank die Rentabilität des Unternehmens. Die siebziger Dekade schloss 1979 mit einem Großauftrag an Airbus Industries: Die Lufthansa bestellte 25 Airbus A310 und nahm eine Option auf weitere 25 Maschinen dieses Typs, der einen Meilenstein im Flugzeugbau markiert. Das erste Zwei-Mann-Cockpit in einem Großraum-Flugzeug erregte die Gemüter – fast so, wie die Einführung des Instrumentenfluges Ende der zwanziger Jahre. Heute ist das Zwei-Mann-Cockpit praktizierte und allgemein akzeptierte Normalität – auch bei Boeing. Airbus Industries sollte schon bald noch weitere heilige Kühe schlachten.

Boeing kam bei den Groß-Investitionen dieses Jahres nicht zu kurz. Nur zwei Wochen vor dem Airbus-Auftrag hatte die Gesellschaft 22 Boeing 737 in Seattle bestellt und für nochmals 24 Maschinen der gleichen Baureihe Optionen genommen (ein Flugzeug, das noch nie etwas anderes als ein Zwei-Mann-Cockpit gesehen hatte). Fast 100 Flugzeuge in einem Jahr bestellt oder optioniert – die „neue Lufthansa" ist zweifellos mehr als nur flügge geworden, das Unternehmen war auf dem Weg zu einer der größten Fluggesellschaften der Welt.

Dass sie zu den besten gehörte, hatten zu diesem Zeitpunkt bereits diverse Auszeichnungen dokumentiert. In den siebziger Jahren machte eine neue Vokabel die Runde: Umweltschutz. Der Begriff gewann große politische Bedeutung und hatte auch Auswirkungen auf die Luftfahrt. Die Verringerung und Verminderung von Lärm- und Abgasemissionen wanderten auf den Prioritätenlisten der Fluggesellschaften ganz nach oben. Durch „Deregulation" der Flugpreise auf dem US-Markt und die zweite Ölkrise von 1979 sanken die Einnahmen der Fluglinien bei gleichzeitig drastisch steigenden Kerosinkosten. Viele Gesellschaften gerieten in die roten Zahlen. Die Lufthansa schaffte es gerade noch so, einen Gewinn – wenn auch auf kleinem Niveau – für 1979 auszuweisen. Die Aussichten für die achtziger Jahre schienen erst einmal ziemlich getrübt.

In großer Zahl bei der Lufthansa ab 1983 im Dienst: der Airbus A310

Der erste von allen – der Airbus A300, hier in der Version
A300 B 2. Der europäische Flugzeugbauer setzte Zeichen.

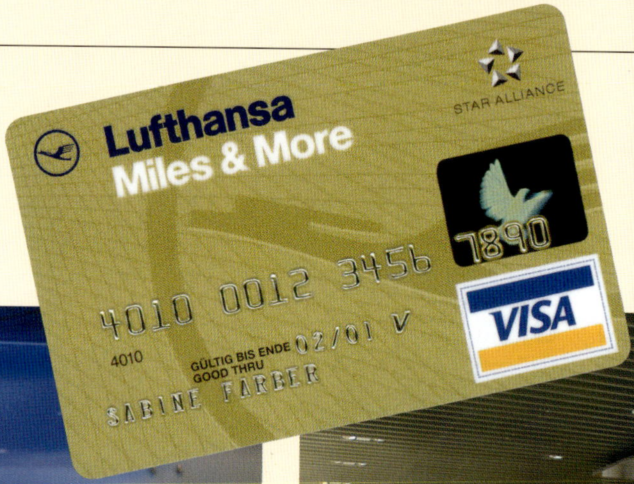
Lufthansa
Miles & More
STAR ALLIANCE
7890
4010 0012 3456
VISA
4010
GÜLTIG BIS ENDE
GOOD THRU
02/01 V
SABINE FARBER

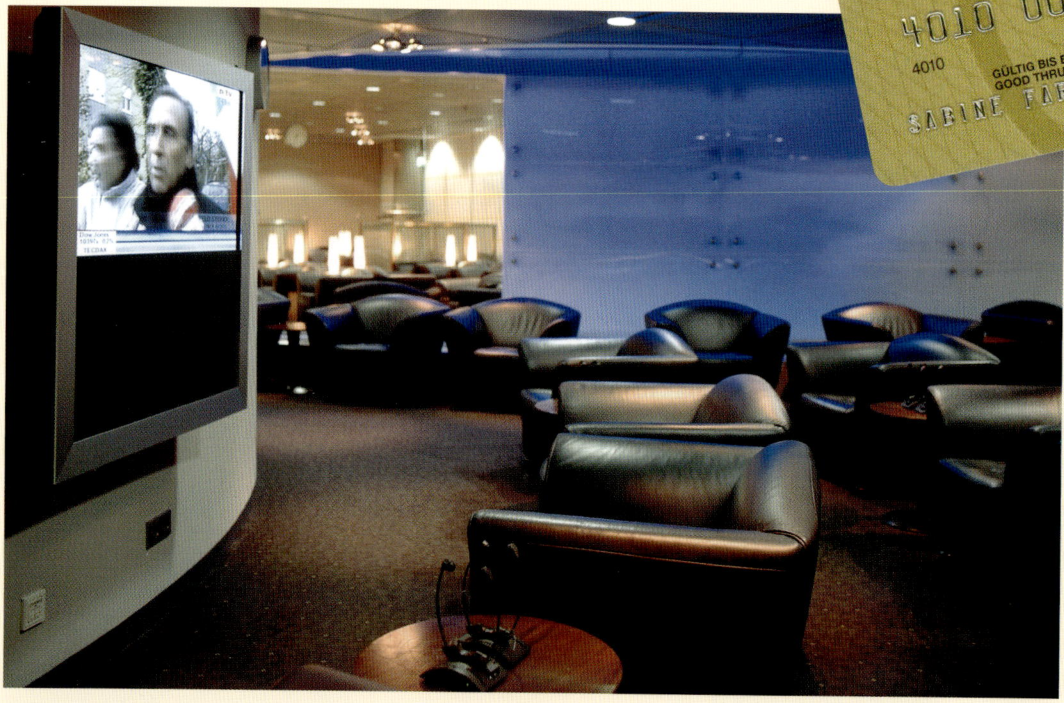

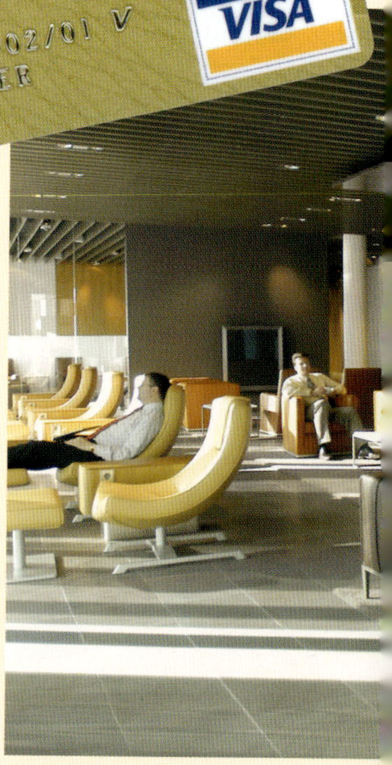

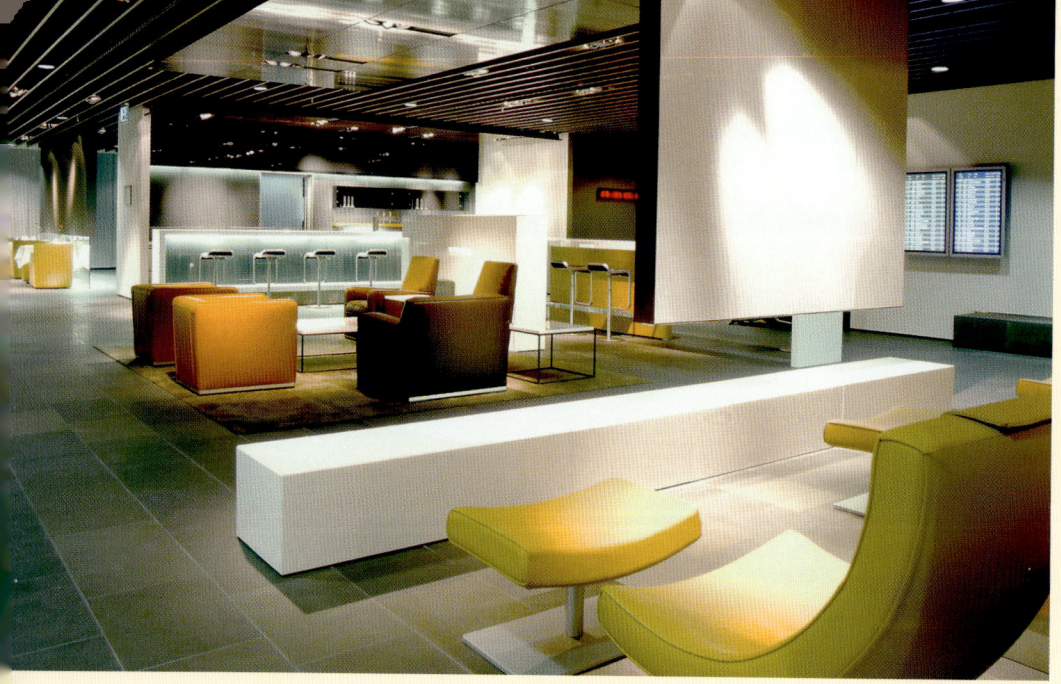

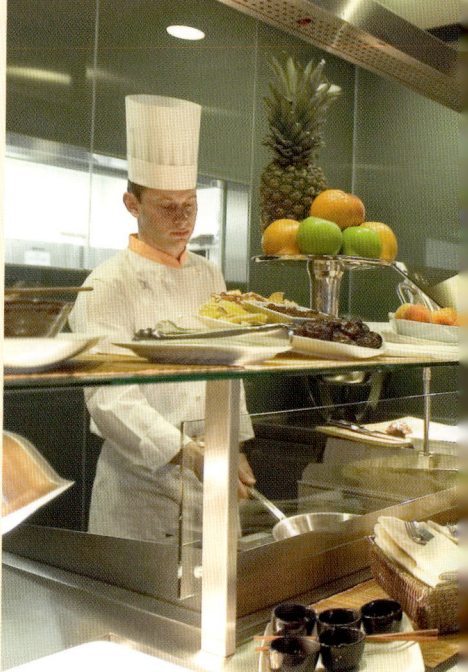

Lounges, Lektüre und Leckereien

Es gab eine Zeit, da war die klassenlose Gesellschaft ein anzustrebendes Ideal. Doch nicht nur im China-postmao ist diese Philosophie längst aus der Mode gekommen. Denn obwohl der Luftverkehr mittlerweile Woche für Woche Millionen von Fluggästen rund um den Globus befördert, unterscheiden sich Linienflüge nach wie vor in vielerlei Hinsicht vom Massentourismus und bieten anspruchsvollen Passagieren viel Raum für Differenzierung.

Mit ihren Fluggästen der First Class, mit frequent flyers, business people oder senator class members, die mit unterschiedlichen Bezeichnungen bei vielen Fluggesellschaften existieren, geben sich Airlines gern ganz besondere Mühe. Auch die Lufthansa bietet luxuriöse Spezial-Services oder exzellente Lounges auf ausgesuchten Flughäfen an, wo verwöhnten Fluggästen zum Nulltarif mit Drinks, Literatur, Entertainment und üppigen Büfetts die Wünsche von den Augen abgelesen werden.

Die Zeiten, in welchen hochkarätige Passagiere in karg bestuhlten Räumen auf ihr check-in warteten, sind weltweit passé.

D-AIDD

Die achtziger Jahre
Ein turbulenter Auftakt

Das neue Jahrzehnt sollte eine Dekade dynamischen Wachstums werden, die Liberalisierung förderte das Flugzeug als Massenverkehrsmittel. Wachsende Einkommen ließen ungeahnte Touristenströme rund um den Globus ziehen, die aufstrebende Wirtschaft führte im boomenden Geschäftsreiseverkehr zu neuen Buchungsrekorden, die Lufträume waren überfüllt. Warteschleifen nagten an den Renditen. Die Ölkrise war gerade mühsam überstanden, trotzdem blieb die Entwicklung nicht stehen. Der Höhenflug des Ölpreises machte erfinderisch.

Das Reich der Mitte entwickelte sich zu einem vielseitigen Partner der deutschen Wirtschaft – sowohl als Absatzmarkt als auch als Produktionsstandort. Das führt bereits im April 1980 zur Eröffnung des Liniendienstes nach Peking, der stark gefragt ist. Schon einmal war Deutschland in China präsent – in der Kaiserzeit um die Jahrhundertwende. Jetzt aber ging es nicht mehr um imperiale Ansprüche, jetzt waren Wirtschaftskontakte gefragt, denn das Riesenreich bot enorme Entwicklungschancen, an denen auch die deutsche Wirtschaft teilhaben möchte. Die Lufthansa kam dieser Nachfrage mit der Eröffnung der neuen Strecke entgegen und machte auf die neue Verbindung in spektakulärer Weise aufmerksam.

Auch für den Privatreisenden ließ sich die Lufthansa etwas Neues einfallen – mit dem „flieg&spar"-Tarif jettete man bis zu 40% günstiger als mit dem Normalpreis. Die nicht zuletzt durch die Großraumflugzeuge stark gewachsene Kapazität lenkte die Aufmerksamkeit aller Linienfluggesellschaften immer stärker auf den privaten Reisenden, der auch als „Minderzahler" immerhin noch einen ganz erheblichen Deckungsbeitrag leistete, denn rentabel fliegen die großen Maschinen nur, wenn eine Mindestauslastung gegeben ist. Das führte nach und nach zu einer immer stärkeren Differenzierung zwischen den Fluggästen – auch in der Kabine. Der Privatreisende saß in der Economy, der Geschäftsmann flog entweder First Class oder war verärgert, weil er sich trotz erheblich höheren Flugpreises zwischen die Touristen zwängen musste. Dieser Zustand verlangte nach einer Lösung und schon bald sollte es hierfür ein neues und akzeptables Konzept geben.

Ein Jahrzehnt kommt in Fahrt

Standen die beginnenden achtziger Jahre für die Luftfahrt noch unter dem Schock der zweiten Ölkrise, so änderten sich nach und nach die Vorzeichen. War 1980 noch das „kritischste Jahr in der Geschichte" der zivilen Luftfahrt so ging die Rezession nach und nach in einen regelrechten Boom über, der gegen Ende des Jahrzehnts begann, erste Überhitzungserscheinungen zu zeigen. 1982 trat ein neuer Chef zum Dienst an. Heinz Ruhnau, Gewerkschafter, Staatssekretär im Verkehrsministerium und schon seit Jahren Mitglied im Aufsichtsrat der Lufthansa wurde im April Stellvertreter, im Juli des Jahres als Nachfolger von Dr. Culmann Vorsitzender des Vorstandes. Der Wind begann sich zu drehen, trotz „Deregulation" in den USA und stark angestiegener Ölpreise gab es starken Aufwind für das Unternehmen. Die Lufthansa flog auf Erfolgskurs. Der beginnende Aufschwung erfasste die ganze Volkswirtschaft, es begann eine Periode kontinuierlich soliden Wachstums mit Dauerkonjunktur und Ausfuhrrekorden.

Lufthansa-
Uniform
1979–87

Hoher Besuch

1980 war auch das Jahr, in dem der polnische Papst Johannes Paul II. († 2005) Deutschland besuchte – natürlich kam er mit dem Flugzeug über die Alpen. Nach seiner päpstlichen Mission kehrte er mit dem gleichen Verkehrsmittel in den Vatikan zurück. Der einzige Unterschied: Für den Rückflug buchte auch der Heilige Vater die Lufthansa, für die das natürlich eine ganz besondere Ehre war. Am 19. November brachte ein Lufthansa-Airbus das Oberhaupt der katholischen Kirche von Köln/ Bonn wieder zurück nach Rom – ein ganz besonderer Flug ohne besondere Vorkommnisse.

Dem Himmel noch näher als sonst: ein Lufthansa-Airbus fliegt den Papst Johannes Paul II. zurück in die Heilige Stadt. In einigen Jahren wird sie einem weiteren Papst, Benedikt XVI., diesmal deutscher Abstammung, Gelegenheit zu einem Blick von ganz oben auf seinen bayerischen Heimatort geben.

1984 konnte Lufthansa das beste Jahr der Unternehmensgeschichte vermelden.

Die Lufthansa fährt Bahn

Schon 1981 hatte sich die Lufthansa am Transrapid-Konsortium durch den Einstieg in eine Erprobungsgesellschaft beteiligt. Die Zeit der Magnetschwebebahn war damals noch nicht reif, aber das sollte sich langfristig ändern. Etwas konventioneller war die Technik, der sich die Lufthansa im nächsten Schritt näherte. Um die Zubringerflüge auf Kurzstrecken zu reduzieren, kam bei der Lufthansa der Airport-Express zum Einsatz. Er verband den Frankfurter Flughafen über Köln/Bonn mit Düsseldorf und hatte für ausländische Deutschland-Besucher noch den Vorteil, dass sie statt eines kurzen „Lufthüpfers" eine herrliche Bahnfahrt auf einer der schönsten Bahnstrecken Deutschlands genießen können – in einem Zug der Extraklasse. Die Lufthansa ist weltweit wahrscheinlich die erste Fluggesellschaft, die eine Bahnlinie betreibt.

Ein Anflug von Normalität

Es war das Jahrzehnt, in dem erste Zeichen einer Entkrampfung des Verhältnisses zwischen den beiden deutschen Staaten erkennbar wurden. Die Lufthansa veranstaltete erstmals nach dem Kriege am 18. Juli 1984 ihre Hauptversammlung in Berlin und eine weitere Novität ließ aufhorchen: Am 30. August dieses Jahres nahm die Lufthansa den Messeflugverkehr zwischen Frankfurt und Leipzig auf. Mindestens ebenso sensationell bediente überraschend die Interflug die Leipzig-Verbindungen nach Hamburg, Stuttgart und Düsseldorf.

Einen Meilenstein setzte die Luftfracht. Mit über 500.000 Tonnen beförderter Fracht wurde eine neue Bestmarke erreicht. Ein Meilenstein anderer Art mar-

Heimatluft – der schmucke Airport Express im Kölner Hauptbahnhof

Herzlich willkommen im anderen deutschen Staat – am 9. Februar 1990 eröffnet Interflug den Streckendienst Dresden – Köln.

200. Boeing-Flugzeug für die Lufthansa in Frankfurt persönlich übergab.

Ein furchtbares Ereignis schreckt in diesem Jahr 1986 die Welt auf: In der Ukraine geschah das Unvorstellbare: Ein Reaktor ging durch. Den Ortsnamen Tschernobyl wird die Welt nie wieder vergessen. Die „First Lady" im Lufthansa-Cockpit hielt 1987 tatsächlich Einzug. Der eigenwillige Name der Dame: Michele Jett. Nomen est omen. Sie startete als Flugingenieurin auf einer Boeing 727. Auch diese Domäne der Männerwelt wäre genommen.

Götterdämmerung

1988 deutete sich ein Wandel an, der schon bald sehr viel weiter gehen sollte, als es sich die meisten zu diesem Zeitpunkt überhaupt vorstellen konnten. Die DDR begann die Realitäten anzuerkennen. Und sagte „Adieu" zu unwirtschaftlichen und defizitären sozialistischen Freundschaftsdiensten, die sie sich einfach nicht mehr leisten konnte. Statt wie gewohnt bei Iljuschin oder Tupolew kaufte sie erstmals ihre Flugzeuge im Westen – genauer gesagt in Toulouse. Kaum jemand ahnte zu diesem Zeitpunkt, dass sich der zweite deutsche Staat schon bald von noch viel größeren Illusionen trennen musste. Der Airbus-Kauf führte dazu, dass Lufthansa und Interflug am 24. Juni 1988 einen Vertrag über die Wartung und Überholung der DDR A310-Flotte schlossen, ein Vorgang, den noch wenige Jahre zuvor niemand für denkbar gehalten hätte.

In seinem Buch „Runter kommen sie immer" beschreibt der Fachjournalist Tim van Beveren sehr drastisch, vor welche Probleme die Westmaschinen altgediente Iljuschin-Haudegen stellten. Für die Ostflieger tat sich eine erschreckende neue Welt auf, deren Automatismus und Dynamik bei einem Vorfall in Moskau den kampferprobten Luftschiffern das Fürchten lehrte. Als sie bei der Landung eine Platzrunde drehen mussten, spulte der Airbus sein automatisches „Turn-Around"-Programm ab. Als die Piloten dagegen hielten, weil sie nicht ahnten was überhaupt vorging, wurde die Maschine ärgerlich und gab Contra. Die Folge: Fluggäste und Besatzung fuhren Geisterbahn. Irgendwann gab die Besatzung nach, die Maschine und Insassen kamen mit dem Gruseln davon. Auch dieser Airbus A310 findet sich heute in der Flugbereitschaft der Bundeswehr, er

kierte das Ende einer Ära: Die letzte Boeing 707, das Flugzeug mit dem das Düsenzeitalter bei der Lufthansa begonnen hatte, verließ die Flotte. Und noch eine Zeitenwende kündigte sich an. Das Symbol des Wirtschaftwunders, der Volkswagen Käfer, ging in den Ruhestand. Dieser Wendepunkt verdeutlichte das Ende der Nachkriegszeit. Die Bundesrepublik war erwachsen und die Zeichen standen auf Normalität.

Auch die „Herren der Schöpfung" mussten umlernen: Sie waren nicht mehr die einzigen, die davon träumen durften, eines Tages als Pilot in einem Cockpit zu sitzen. Die Mädels taten es ihnen mittlerweile gleich und nahmen erstmals 1986 die Pilotenausbildung auf. So mancher Fluggast schaute bald verblüfft, wer da vorn am Steuer sitzt. Die Welt wandelte sich, das starke Geschlecht rieb sich erstaunt die Augen. Aber Wandel ist nun einmal das einzig Beständige. Eines aber wandelte sich – vorerst – nicht: Die Lufthansa blieb einer der treuesten Kunden der Boeing Company in Seattle. So kam es, dass der Präsident des Unternehmens, zu der Zeit ein Mr. Wilson, die „Zündschlüssel" für das wurde wie die beiden anderen aus der DDR-Konkurs-masse übernommen. Ob Bundeskanzler Dr. Kohl, der auch schon mit dieser Maschine geflogen ist, ahnte, welcher laue Vogel da unter seinem mächtigen Rücken Dienst tat? Die Piloten und auch die Passagiere werden diesen Horrortrip über Moskau sicherlich nie verges-sen. Mehr bei Tim van Beveren. Es hätte allerdings bös' ins Auge gehen können. Etliche Schutzengel hatten an diesem bewussten Tage Überstunden zu leisten. Aber beim T-34 musste man ja die Gänge häufig mit dem dafür extra bereitliegenden Hammer einlegen. Und die NVA war bei der Cockpit-Crew eben noch bestens in Erin-nerung. Nur – im Westen gehen die Uhren eben anders.

Abschied von lieben Gewohnheiten

Bei der Lufthansa kam wieder eine neue Flugzeug-Generation zum Einsatz. In der Flotte erschienen der langstreckentaugliche Airbus A310-300 und die 747-400, im Unternehmen machte sich ein Dipl.-Ing. Jürgen Weber auf dem Weg, den Technik-Vorstand Reinhardt Abraham abzulösen. Bei einer weiteren Kapitalerhö-hung 1989 beteiligte sich jetzt der Bund nicht mehr. Sein Anteil an der Lufthansa sank damit auf knapp 53%. Die Verbindungen zur DDR wurden enger. Denn am 10. August 1989 begann erstmals ein regulärer Linienver-kehr zwischen den beiden Staaten. Die Lufthansa steu-erte ab sofort Leipzig an.

Auch auf dem Nordatlantik bahnte sich etwas Revo-lutionäres an. Bisher galt auf Übersee-Flügen die Regel, dass nur Flugzeuge mit mindestens drei Motoren sich weiter als zwei Flugstunden vom Land entfernen durf-ten. So war die Vorschrift der FAA, der Federal Aviation Association, der obersten Luftaufsichtsbehörde der USA. Diese Regelungen wurden praktisch von allen

Der modernste Typ in der Lufthansa-Flotte 1989:
Airbus A320. Adieu Steuerhorn, es lebe der Sidestick!

rechte Seite:
Der kleine Bruder – Airbus A319 – am Start. Auch einen Corporate Jet dieses Typs hat Airbus Industries im Programm – als Firmenflugzeug zum Beispiel bei Volkswagen.

Lufthansa-Uniform
1988–2001

anderen Aufsichtsbehörden mindestens in der westlichen Welt übernommen. Daher flogen bis in die späten achtziger Jahre nur DC-10, Lockheed Tristar und 747 auf westlicher Seite über den großen Teich. Nun hatten aber mittlerweile Standfestigkeit und Zuverlässigkeit der Düsentriebwerke ein so hohes Niveau erreicht, dass sich die Frage stellte, ob diese Regelung noch zeitgemäß war. Die Frage stellte sich sehr konkret, als Boeing die 767 zur Zulassung brachte. Denn damit erschien erstmalig ein langstreckenfähiger Zweimotorer auf dem Plan, der in punkto „Wirtschaftlichkeit" den höher motorisierten Maschinen davonflog.

Man muss sich vergegenwärtigen, dass Passagierflugzeuge grundsätzlich so konzipiert sind, dass ein Motorausfall immer kompensiert werden kann. Das bedeutet, dass die Motoren eines Viermotorers zu 33 % überpowert, die Motoren eines Dreimotorers zu 50 % überpowert, die Motoren eines zweimotorigen Flugzeuges zu 100 % überpowert sind. Die verbleibenden Motoren bzw. der verbleibende Motor kann also den Ausfall seines Kollegen immer vollständig kompensieren. Diese Leistungsfähigkeit der Triebwerke ließ es nun zu, bei zweistrahligen Maschinen auch den Ausfall eines Motors vollständig auszugleichen. Damit stellte sich die Frage der Zweckmäßigkeit überkommener Regeln für den Übersee-Flug. Die FAA genehmigte der Boeing 767 als erstem Zweimotorer Langstreckenflüge über See. Und konnte das nun auch dem Airbus A310-300 nicht verwehren. So flog am 12. Juni 1989 der erste Lufthansa-Airbus mit zwei Motoren unter „Extended Range Operations"-Bedingungen über den Nordatlantik. Das Verfahren sollte gängige Praxis werden.

Fly by wire

Hatte Airbus Industries schon mit dem Zwei-Mann-Cockpit beim A310 aufhorchen lassen, so erfolgte mit dem zum Ende der achtziger Dekade eingeführten A320 der nächste Abschied von gewohnten Vorstellungen. Airbus schickte das

Steuerhorn in Rente und schrieb das zweite Kapitel der digitalen Revolution im Cockpit-Design. Der Sidestick machte das manövrieren des Jets zu einem Kinderspiel – zumindest was die aufzuwendende Muskelkraft anbelangt. Dahinter steckte mehr als ein Design-Fortschritt.

In konventionellen Flugzeugen bewegten noch immer Hydraulik und angetriebene Seilzüge diverse Klappen, Steuerflächen, Ruder und Fahrwerk. Zur Not konnte man auch mal das Fahrwerk sogar manuell herauskurbeln. Diese Art der Technik, als Sicherheitsgewinn verklärt, bedeutete Gewicht, das die Nutzlast und damit die Wirtschaftlichkeit reduzierte. Airbus ging mit der A320-Familie einen anderen, zu Beginn wieder einmal arg geschmähten Weg. Die Steuerung von Flächen und Klappen erfolgte jetzt ausschließlich elektrisch. Kabel übermittelten die Steuersignale an Elektromotore, die sich direkt vor Ort an dem zu bewegenden Stellteil befinden. Dieses „Fly-by-Wire"-Prinzip brauchte keine Seilzüge mit Umlenkrollen und redundant zwei- und dreifach ausgelegten Hydraulikleitungen mehr. Das bedeutete eine beachtliche Gewichtsersparnis. Und zog, wie bei allen wesentlichen Fortschritten im Luftverkehr, umgehend Unheilspropheten an, die bedeutungsschwanger über den Sicherheitsverlust bei der neuen Flugzeuggeneration räsonierten. Ein tiefes Misstrauen gegenüber Digitalmonitoren, gedimmten Panels, die nur bei Fehlfunktionen leuchten und Flugzeugsteuerung mit Fingerspitzen versuchte, sich publizistisch Gehör zu verschaffen. Diese Technik rüttelte an den Grundfesten tradierter fliegerischer Fundamentalüberzeugungen.

Doch die Mahner und Warner wurden vom Gang der Ereignisse schlichtweg überholt. Der Fortschritt im Flugzeugbau kam weiterhin aus Toulouse, wo man Rumpfteile klebte und hochfestes aber leichtes Carbon anstelle von Metall verwendete. Noch lange sang Boeing das hohe Lied des unverzichtbaren und bewährten Steuerhorns und predigte seinen unersetzlichen Beitrag zum sicheren Luftverkehr, während man ganz nebenbei den letzten verbliebenen US-Konkurrenten McDonnell Douglas schluckte, Lockheed hatte schon längst bei Passagierflugzeugen das Handtuch geworfen. Nur noch Airbus stand einem denkbaren weiteren Weltmarkt-Monopol nach bekannter Manier aus anderen Branchen im Wege.

Allmählich verwehte der unerwiderte Klageruf nach dem Gestern im Fahrtwind. Auch diese Turbulenzen gingen vorüber, digitales Cockpit, Sidestick und fly by wire blieben. Mit A321, A319 und A318 wuchs die Airbus-Familie mit dem etwas schmaleren Rumpfquerschnitt unverdrossen und solide weiter. Lufthansa setzte auf Toulouse und Hamburg und hatte bereits im September 1989 weitere 20 Airbus A321 bestellt und zusätzlich 20 Optionen aufgenommen.

20 Millionen Fluggäste

Am Ende des Jahres 1989 konnte die Lufthansa erstmals die Grenze von 20 Millionen beförderten Passagieren in einem Jahr überschreiten. Der Kranich hatte sich zu einem recht kräftigen Vogel entwickelt. Noch vor dem Ende der Dekade hatte ein politisches Ereignis die Welt aufgerüttelt wie selten: der Fall der Berliner Mauer. Der Konkurs der DDR war nicht länger zu vertuschen, Honecker, Krenz, Mielke und Genossen mussten den Offenbarungseid ablegen. Die europäische politische Landkarte veränderte erstmals nach 1945 fundamental ihr Gesicht, die „Chimäre" deutsche Wiedervereinigung war Realität geworden.

„Glasnost" und „Perestroika" führten zu einer für unvorstellbar gehaltenen Entwicklung in der Sowjetunion, die mit der DDR das letzte Beutestück des „Großen Vaterländischen Krieges" endgültig aus der Hand gegeben hatte. Doch noch lautete im Westen die Devise „business as usual". Denn die Achtziger waren letztlich ein Jahrzehnt des Wachstums und der Rekorde gewesen. Doch allmählich drehte sich der Wind und blies jetzt von vorn. Man würde umdenken müssen. Bevor sich die „Union der sozialistischen Sowjet-Republiken" als kommunistisches Großreich 1988 endgültig aus der Weltgeschichte verabschiedet hatte, schlossen Kreml und Köln noch das Sibirienabkommen, das den Überflug des Landes gestattete und so den Weg für eine Nonstop-Verbindung Frankfurt – Tokio öffnete. Flüge in das „Land der aufgehenden Sonne" über den Pol sind jetzt nur noch Historie.

Ein Oldtimer kehrt heim

Man muss kein Nostalgiker sein, um nachvollziehen zu können, welche Empfindungen die Menschen bewegten, als erstmalig nach 45 Jahren das von der Lufthansa

restaurierte Traditionsflugzeug Ju 52 mit dem Kennzeichen D-AQUI 1990 in Dessau landete. Der Veteran war an seinen Geburtsort zurückgekehrt. Hier in den Dessauer Junkers-Werken hatte die Legende 1930 mit dem Erstflug einer noch einmotorigen Ju 52 ihren Anfang genommen. Es war der spätere Generalfeldmarschall Erhard Milch, der für die Lufthansa die Forderung nach

Die restaurierte Ju 52 aus dem „Technik-Museum Hugo Junkers" in Dessau

drei Motoren stellte. So kam es zur Junkers Ju 52/3m, die nun hochglanzpoliert wieder als eines von mehr als 5.000 gebauten Exemplaren auf dem Dessauer Flugfeld stand. Aber – es gibt noch eine Ju 52/3m in Dessau, wenn auch im Gegensatz zur D-AQUI nicht flugfähig. Sie steht in den Hallen des Technik-Museums Hugo Junkers und präsentiert sich nach erfolgreicher Restaurierung, die ein längerer Unterwasser-Aufenthalt in einem norwegischen Fjord erforderlich machte, nun wieder wie neu. Fliegen wird sie nie mehr, aber sie erinnert an die Herkunft des überragenden Erfinders und Konstrukteurs Hugo Junkers, der als Unternehmer und Bürger dieser Stadt hier in Dessau die größten Höhen und Tiefen seines Lebens erfuhr.

Kranich international

Fast so gut wie deutsche Botschaft oder Konsulat:
Lufthansa-Büros findet man in nahezu allen wichtigen
Städten der Welt.

Von Frankfurt in die Welt: 747-400 wartet auf die Passagiere.

Catering in Dallas: Eine Boeing 747 wird vor dem Weiterflug
nach Mexico City neu bestückt.

Fliegen in einer neuen Dimension: Spannweite 64,44 m, Länge 70,66 m, Höhe 19,40 m, max. Abfluggewicht 394,6 t: Das ist die Boeing 747-400 bei ihrem Flug um die Welt.

Die Lufthansa unterhält Stadtbüros in allen wichtigen Metropolen der Welt, natürlich auch in Bogotà/ Kolumbien.

Im Hintergrund grüßen Ausläufer der Kordilleren. Luftfracht für Deutschland aus Südamerika.

Kurs 2000
– Die Neunziger

Airbus A340: 4 General Electric CFM 56 Triebwerke, max. Abflug-
gewicht 271 t, Spannweite 60,30m, Länge 63,66 m,
Höhe 16,91 m, max. Reichweite 12.300 km.
Das entspricht bei 890 km/h einer Flugzeit von rund 14 Stunden.

Berlin ruft

Heimkehr – 45 Jahre danach, am 28. Oktober 1990, eröffnete die Lufthansa mit der Ankunft des A310 „Donaueschingen" in Tegel erneut den Linienverkehr nach Berlin. Auch die Lufthansa war damit an ihren Ursprung zurückgekehrt. Doch 1990 hatte nicht nur erfreuliche Seiten. Der Einmarsch irakischer Truppen in Kuwait hat katastrophale Folgen. Die Golfkrise und ein drastischer Rückgang der Nachfrage bescherten der Lufthansa „das schwierigste Jahr seit der Ölkrise" (Zitat Geschäftsbericht). Es sollte noch schlimmer kommen. Die Steigerung der negativen Vorzeichen erfolgte 1991, das als „schwierigstes Jahr der Weltluftfahrt" in die Luftfahrt-Annalen einging: Erstmals seit 50 Jahren verzeichnete der Weltluftverkehr einen Rückgang der Nachfrage. Dieser Nachfragerückgang von rund 4 % führte zu Überkapazitäten und zusammen mit drastisch gestiegenen Treibstoffpreisen und höheren Versicherungsprämien bei Flügen in die Golfregion zu tiefroten Zahlen der gesamten Branche. Lufthansa musste Flugzeuge stilllegen, Kaufoptionen stornieren, drastische Sparprogramme auflegen und schließlich auch Mitarbeiter abbauen. Mitten in diesen schwersten Turbulenzen übernahm bei der Lufthansa ein neuer Kapitän das Steuer des Großunternehmens.

Unter neuer Leitung

Am 14. Mai 1991 erfolgt der große Wachwechsel auf der Brücke des Dickschiffes Lufthansa: Nach neun Jahren an der Spitze ging Heinz Ruhnau von Bord, der Aufsichtsrat berief mit Wirkung zum 1. September den bisherigen Stellvertreter Jürgen Weber zum Obersteuermann. Eine neue Ära begann. Der Techniker Weber sollte große Veränderungen im Unternehmen vornehmen und die Lufthansa an die Spitze des Weltluftverkehrs führen. Wenige Tage nach Webers Berufung präsentierte Airbus Industries den Langstreckenjet A340, der mit seiner enormen Reichweite neue Maßstäbe setzte. Erstmals nach über 50 Jahren kam wieder ein Viermotorer aus europäischer Produktion auf den Markt. Lufthansa hatte als Erstbesteller die Entwicklung des Flugzeuges mitgestaltet und stand mit 15 Festbestellungen und 15 weiteren Optionen in den Orderbüchern des kontinuierlich an Fahrt gewinnenden europäischen Flugzeugbauers. Die Lufthansa-Flotte war

im Umbau. Im Erdinger Moos nahm im Mai 1992 ein neuer Großflughafen mit Lufthansa-Beteiligung und dem Namen eines flugbegeisterten prominenten Bayern den Betrieb auf – der Airport „Franz Josef Strauß" löste den zu eng gewordenen Flughafen München-Riem ab. Den Premierenflug übernahm eine Lufthansa 747 – sie überflog am 17. Mai von Erding aus die Alpen, dereinst für die Dornier „Komet" oder eine offene Rohrbach „Roland" eine mutige Pioniertat. Das Betriebsergebnis des Jahres 1991 aber verdüsterte die Perspektive. Am Ende des Jahres hatte der neue Vorstandsvorsitzende keine guten Nachrichten zu vermelden. Weber musste den Aktionären mitteilen, dass auch die Lufthansa in die Verlustzone geraten sei. Die existenzbedrohende Krise griff um sich und verschärfte sich 1992 weiter. Zwei Jahre Nullwachstum und die vorhandenen Überkapazitäten führten zu einem Preisverfall, die Schieflage der Branche nahm zu. Insgesamt wiesen die IATA-Gesellschaften am Ende des Jahres einen Verlust von 5 Milliarden Dollar aus. Radikale Maßnahmen waren unausweichlich.

Die Europa-Jets gingen in diesem Jahr in den Ruhestand. Mit dem letzten Flug einer Boeing 727 von Frankfurt zur Hamburger Werft schied dieses Modell nach 28

Ex-Gewerkschafter, Ex-Staatssekretär des Verkehrsministeriums, jetzt Ex-Vorstandsvorsitzender der Deutschen Lufthansa AG Heinz Ruhnau

Der futuristische neue
Münchner Großflughafen
Franz Josef Strauß im
Erdinger Moos

links:
Nur noch Sozius: Ex-Vorstandschef Dipl.-Ing. Jürgen Weber
mit seinem Nachfolger Wolfgang Mayrhuber

Jahren aus dem Flugdienst der Lufthansa aus. Neue, wirtschaftlichere Flugzeuge sollten mithelfen, die im Ungleichgewicht befindliche Bilanz wieder ins Lot zu bringen. Trotz des scharfen Gegenwindes wuchs das Streckennetz weiter: 201 Ziele in 87 Ländern wies der Sommerflugplan 1992 aus.

„Miles and more"

Auch 1993 führte noch kein Weg aus der Verlustzone. Aber der neu eingeschlagene Kurs zeigte für das Unternehmen erste und deutliche Erholungstendenzen. Die Richtung stimmte – auch wenn in diesem Jahr nochmals, gegenüber dem Vorjahr allerdings um fast die Hälfte reduzierte Verluste anfielen. Deutschland erlebte die schwerste Rezession seit Gründung der Bundesrepublik, für die Lufthansa aber wurde es das „Jahr der Sanierung", nach und nach gelang es dem Unternehmen, die Krise zu überwinden.

Wie andere Airlines auch, führte die Lufthansa zu Beginn der neunziger Jahre zur Kundenbindung ein Vielflieger-Bonusprogramm ein: „Miles and more". Über 100.000 Kunden wollten gleich von Beginn an dabei sein. Ein toller Start. Im gleichen Jahr erlebten die Frachterflotten von German Cargo und Lufthansa Cargo ihre Wiedervereinigung unter dem Namen Lufthansa Cargo Airlines. Und nach elf Jahren stellte die Lufthansa den Betrieb des Airport Express ein. Es blieb bei einer Episode, die wichtige Zubringerfunktion konnte nur bedingt erfüllt werden.

Ein begehrtes Requisit; Bonus-Flüge und mehr locken

Hoffen auf die Allianz

Das bedeutsamste und weitreichendste Ereignis des Jahres 1994 in der Weltluftfahrt war zweifellos die Gründung einer neuen Partnerschaft – die größte US-Fluggesellschaft United Airlines und die Lufthansa führten das Code-Sharing-Verfahren ein. Dieser erste Schritt zur gemeinsamen Vermarktung von Flügen und Destinationen war eine strategische Weichenstellung mit zukunftweisenden Folgen. Es war ein bedeutsamer Auftakt für eine neue Ära der Kooperation im internationalen Luftverkehr – eine wirkungsvolle Antwort auf die dramatische Situation der Branche zu Beginn der neunziger Jahre, die für manche Airline existenzbedrohende Ausmaße annahm. Die Kooperation über den Atlantik, die erst nach einem neuen Luftverkehrsabkommen mit den USA möglich wurde, gewann schnell an Attraktivität und zog immer weitere interessierte Airlines an. Die größte weltumspannende Allianz der Luftfahrt war damit auf den Weg gebracht.

Ein weiterer verdienter Leistungsträger des interkontinentalen Verkehrs schied 1994 nach 20-jährigem Dienst aus der Lufthansa-Passage-Flotte aus: Die McDonnell Douglas DC-10/30 beendete nach 42 Millionen unfallfrei beförderten Passagieren den Personentransport bei der Lufthansa. Sie war – diese Meinung teilen die meisten die sie kennen – ein hervorragendes Flugzeug. Das Modell aber blieb beim Konzern im Einsatz – als maßgeschneiderter Frachter hat sie als DC-10 oder MD 11F genau die Ladekapazität, die Lufthansa für viele Frachtaufgaben, für die ein 747-Frachter überdimensioniert ist, gerade braucht. Ihre Karriere ist also noch lange nicht beendet und wird sie im Unternehmen auch noch bis in das dritte Jahrtausend führen. Cargo – mit 1,1 Millionen Tonnen hielt die Lufthansa ihre Position als Nr. 1 im weltweiten Fracht-Liniengeschäft. Die DC-10 rollte aus, der Airbus A321 rollte an. Schon zu Beginn des Jahres ging damit ein weiteres Mitglied der A320-Familie bei der Lufthansa in den Dienst. Schon 12 Monate später sollte sich der erste „kleine Bruder", der Airbus A319, der Flotte anschließen. Am 6. Juli kann Weber auf der Hauptversammlung erstmals seit fünf Jahren einen Gewinn im 1. Halbjahr bekannt geben.

Über den Berg

Die Durststrecke war überwunden. Die Lufthansa wurde von Fachmagazinen zum zweiten Mal als „Airline of the Year" ausgezeichnet. Strategisch wurden 1995 weitere Kooperationen mit europäischen und außereuropäischen Airlines geschlossen. Erweiterte Partnerschaften fanden sich zugleich im politischen Raum in Europa: Die EU-Flagge zeigte jetzt 15 Sterne. Auch die Airline-Allianz war gewachsen. Aus drei Partnern wurden immer mehr, 1995 schloss sich nach Thai International auch die skandinavische SAS der Kooperation an. Das global angelegte Gesamtkonzept nahm Konturen an.

Lufthansa präsentierte sich 1995 als ein gänzlich verändertes Unternehmen mit völlig neuer Struktur in bester Verfassung. Aus einer Fluggesellschaft ist ein Aviation-Konzern erwachsen. Schon 1994 war die Rückkehr in die Gewinnzone gelungen, 1995 verfügte die Lufthansa über hohe Liquidität, an der Börse verzeichneten die Aktien stattliche Kursgewinne und die Dividende wies nach oben. Das Unternehmen befand sich bei kräftigem Aufwind im Steigflug. Die Zahlen sprachen eine beeindruckende Sprache: 32,9 Millionen Passagiere gingen mit dem Kranich in die Luft, ein Rekord in der Unternehmensgeschichte. Die Lufthansa AG betrieb jetzt nur noch das Kerngeschäft, den Passagierlinienverkehr. Sie zählte 27.000 Beschäftigte am Himmel und auf der Erde. Zweites Standbein wurde die Lufthansa Technik AG mit über 10.000 Mitarbeitern, mehr als 5.000 Beschäftigte zählte die Lufthansa Cargo AG. Damit waren drei neue Gesellschaften zu den bestehenden Konzerngesellschaften LSG Sky Chefs (37.000 Beschäftigte), Condor (2.350) und City Line (1.300) hinzugekommen. Auch das globale Kooperationsnetz wurde immer dichter geknüpft – Air Canada, South African Airways und die brasilianische VARIG traten der Allianz bei. Die börsennotierten Unternehmens-Papiere erwiesen sich jetzt als rentable Geldanlage – doch Lufthansa konnte zur Mitte der Dekade nicht nur eine kerngesunde betriebswirtschaftliche Bilanz vorweisen: Das Unternehmen verfügte über eine der modernsten Flotten im Weltluftverkehr und nahm auch seine Verantwortung gegenüber der Umwelt vorbildlich wahr. Lufthansa konnte auf eine sparsame Nutzung wertvoller Ressourcen verweisen und hatte eine überdurchschnittlich gute Dezibel-Bilanz. Die Lufthansa-Flotte kam auf ausgesprochen „leisen" Sohlen daher. Resultat: Auch in Umweltfragen war die Lufthansa zum Branchenprimus avanciert.

1996 trennte sich der Großaktionär „Bund" endgültig von seinem 35,7 %-Anteil an der Lufthansa und verkaufte an die Kreditanstalt für Wiederaufbau. Zwei Milliarden DM flossen in die Bundeskasse. Der Staat war dabei, seine Beteiligung am Konzern vollständig zu beenden. Das Streckennetz wuchs auch in diesem Jahr weiter. Gegen Ende des Jahres kam es zur Konfrontation mit der Gewerkschaft, die für die Mitarbeiter einen höheren Anteil am Unternehmenserfolg forderte und dies mit Warnstreiks unterstrich.

Insgesamt aber konnte unter dem Strich 1995/96 als Erfolgsstory bilanziert werden. Wie ein Phönix aus der Asche hat sich der Kranich mit gestärkten Schwingen aus der Krise erhoben und mit kräftigen Flügelschlägen kontinuierlich an die Weltspitze gearbeitet. Die strategische Linie der Konzernleitung erwies sich als gelungener Schachzug.

Das „Baby" bekommt einen Namen

Der 15. Mai 1997 ist für die neue Lufthansa ein historisches Datum: In Frankfurt am Main wurde die „Star Alliance" gegründet, ein Meilenstein für das Unternehmen. Es ist das erste wirklich weltweite Bündnis von Fluggesellschaften und sollte sich zur klaren Nr. 1 unter den Airline-Allianzen entwickeln. Die Gründungsmitglieder sind United Airlines und Lufthansa, Thai International, Air Canada und die skandinavische SAS. Mit insgesamt 1.334 Flugzeugen bediente die „Star Alliance" 578 Destinationen in 106 Ländern.

Von Bullen und Bären

Seit Mitte Oktober 1997 musste sich die Lufthansa auf einem vollständig neuen Parkett behaupten: der Börse. Das Spiel von Angebot und Nachfrage, von Volatilität, Kursgewinnen und Kursverlusten war eröffnet, die neuen Schlagwörter hießen Hausse und Baisse, Bulle und Bär bestimmten den Wert von Unternehmen auf den doch so ähnlichen Anzeigetafeln mit gänzlich anderer Bedeutung. Das staatliche Engagement bei Luft-

„Bulle" vor der Frankfurter Börse

Die fünf Gründungsmitglieder der Star Alliance im Formationsflug – United Airlines, Thai international, Air Canada, Lufthansa und die skandinavische SAS

hansa war endgültig abgeschlossen, nahezu 70 Jahre nach der Gründung hatte sich der Staat aus dem einst von ihm ins Leben gerufenen Unternehmen total zurückgezogen. Die Lufthansa musste sich nun bei ihren neuen Aktionären bewähren – im Wettbewerb mit anderen börsennotierten „Global Players". Doch private und institutionelle Anleger hatten Vertrauen in die Leistungsfähigkeit der angesehenen deutschen Fluggesellschaft, das Platzieren der Aktien ging glatt über die Bühne. Die Privatisierung des einstigen Staatsunternehmens war damit abgeschlossen, ein neues Blatt in der Geschichte der Lufthansa wurde aufgeschlagen. Das Jahr 1997 konnte als erfolgreichstes Geschäftsjahr mit 1,6 Milliarden DM Gewinn vor Steuern abgeschlossen werden.

Mit dem Eintritt der VARIG, die einst aus der „SCADTA", hervorgegangen war, in die „Star Alliance"

1998 erweitert sich das Verkehrsnetz in Südamerika deutlich. Erste Code-Share-Vereinbarungen mit Singapore Airlines wurden im gleichen Jahr geschlossen. Im Luftfracht-Sektor – die Lufthansa war im Fracht-Linienverkehr unverändert weltweit die Nr. 1 – kam es zu einer engeren Kooperation unter den Allianz-Partnern. Luftfracht – zwar ist der Anteil der Luftfracht am gesamten weltweiten Transportvolumen von der Menge her gering, wertmäßig allerdings sieht das anders aus: Die Beförderung von 40% des Warenwertes aller Exportgüter übernimmt das Flugzeug. Anders ausgedrückt: Je wertvoller das Produkt, desto eher bevorzugt der Exporteur die Luftfracht, die hochwertige Waren weltweit konkurrenzlos schnell und mit höchster Sicherheit zuverlässig zum Empfänger bringt.

Die Lufthansa trug dieser Ausgangssituation Rechnung. Sie stellte die ersten drei MD 11F Frachter in

Dienst, das umweltverträglichste und wirtschaftlichste Fracht-Großraumflugzeug der Welt. Die MD 11 ist Nachfolger der DC 10 und kam jetzt von Boeing.

Auch in Zukunft Lufthansa

Beim Gewinn wollte das Unternehmen die Schallmauer von zwei Milliarden DM vor Steuern durchbrechen – das jedenfalls verkündete der Vorstandsvorsitzende Jürgen Weber den Teilnehmern an der 1998er Hauptversammlung in Hamburg als Ziel. Während die „Star Alliance" weiter auf Erfolgskurs flog, sah der Wettbewerb dem nicht ungerührt zu. British Airways und American Airlines traten mit einer eigenen Allianz, dem „One-World"-Verbund in den Ring und wollten die Lufthansa und ihre Partner überholen. Die erste Runde war für 1999 eingeläutet. Mit einem nochmals um 500 Millionen DM gesteigerten Ergebnis auf 2,1 Milliarden DM übersprang

die Lufthansa 1998 ohne Touchieren die selbst gelegte Messlatte für den Gewinn vor Steuern.

Auch die Aktionärsstruktur zeigte sich mittlerweile global: Knapp ein Drittel der Lufthansa-Papiere befand sich in ausländischer Hand. Die Lufthansa hatte sich als internationaler Aviation-Konzern, der sich auf allen verwandten Geschäftsfeldern von der klassischen Passage bis hin zu IT-Dienstleistungen und Bodenservices betätigt, für den Wettbewerb im 3. Jahrtausend aufgestellt. Im Kerngeschäft flogen 1999 fast 39 Millionen Gäste mit einem Lufthansa-Ticket. Die „Star Alliance" konnte mit dem Beitritt namhafter Partner ihre Spitzenposition im Wettbewerb weiter ausbauen. Sie blieb weltweit die klare Nr. 1. Am Ende des 20. Jahrhunderts präsentierte die Lufthansa zum dritten Mal in Folge ein Spitzenergebnis unter den europäischen Airlines. Der Jahrtausendwechsel konnte kommen.

Auch die brasilianische VARIG – einst hervorgegangen aus dem Condor Syndikat – schließt sich der Star Alliance an. Im Bild eine VARIG DC 10 im Landeanflug in aktueller Bemalung

Flagge zeigen – Leitwerke der
fünf Gründungsmitglieder

Flugzeuge der fünf Grün-
dungsmitglieder der Star
Alliance formieren sich zu
einem Stern.

Lufthansa-Airbus A340-200
Leitwerk mit Logo der
Star Alliance

Millennium

14R-32L S4

Glückliche Landung des Mega-
Airbus A380 nach dem Erstflug
am 27. April 2005 in Toulouse

Alles im grünen Bereich

Das war das Erstaunlichste am Flug in das 21. Jahrhundert – alles lief völlig normal. Mehr als 100.000 Lufthansa-Fluggäste, die sich beim Knallen der Korken in der Luft befanden, können es bestätigen – es gab keinerlei Auffälligkeiten, alles blieb im „grünen Bereich". Dabei hatte es doch wieder einmal ganz anders geheißen, von weltweit drohenden Computer-Crashs war die Rede, vom Chaos in allen Systemen bis zum Atomkraftwerk, in düstersten Farben malten alle möglichen notorischen Schwarzseher oder aus anderen Gründen interessierte Kreise diverse Teufel an die Wand. Aber – er blieb aus. Beelzebub ließ die Computer kalt. Die Millenniumsgrenze wurde locker durchflogen, alle EDV-Systeme arbeiteten absolut reibungslos. Kassandra hatte wieder einmal daneben gelegen, Nostradamus ward zum wiederholten Male falsch zitiert. Der Weltuntergang um zwölf Uhr blieb rund um den Globus aus – Pustekuchen.

Gefeiert wurde natürlich ganz heftig, schließlich ist ein Jahrtausendwechsel ein Ereignis, das ein Mensch nur einmal erleben kann. Aber sonst – alles „im Griff". Der Datumswechsel hinterließ außer dem gewohnten Kater keine besonderen Spuren. Beinahe wie selbstverständlich nahmen Lufthanseaten zur Kenntnis, dass „Air Transport World", ein renommiertes Luftfahrt-Magazin, ihr Unternehmen zum wiederholten Male auszeichnet – „Airline of the Year 2000". Nach dem Beitritt von Air New Zealand und Ansett Australia 1999

ließen jetzt auch Tyrolean, Lauda Air und Singapore Airlines als neue Mitglieder der „Star Alliance" grüßen, der nun elf Fluggesellschaften angehörten. In Hannover startete das Fest dieses Jahres – die EXPO 2000.

Packen wir's an

Auch für 1999 konnte die Lufthansa wieder einen Gewinn von knapp 2 Milliarden DM ausweisen – man startete gut gerüstet in das neue Jahrtausend, die Luftfahrt-Industrie ging anscheinend „glorreichen Zeiten" entgegen, alle fünf Sekunden hob in Deutschland ein Flugzeug ab, jährlich flogen 1,6 Milliarden Menschen, die Lufthansa war nach Meinung von Experten durch Evolution zur bestaufgestellten Airline „around the world" aufgestiegen, Lufthansa-Passage belegte für ein verhältnismäßig kleines Land den geradezu sagenhaften zweiten Platz unter allen internationalen Fluggesellschaften, der Konzern beschäftigte über 70.000 Mitarbeiter.

Ungefähr 350 Tochter- und Beteiligungsgesellschaften waren rund um den Globus tätig, täglich stiegen 125.000 Passagiere in ein Lufthansa-Flugzeug. Auch in der Logistik, und beim Catering war die „German Airline" die Nr. 1. Erfolg auf der ganzen Linie – hatten sich das die Gründer 1926 auch nur annähernd so vorgestellt? „Das einzig Beständige ist der Wandel" bemerkte einst ein Habsburger Kaiser. Für die Luftfahrt standen aber schon bald die Zeichen auf Sturm.

Die digitale Revolution – zum Zweiten

Das innovative Flugzeug des dritten Jahrtausends lässt sich mit den Fingerspitzen per Sidestick dirigieren, alles andere erledigen wir mit einem „Mausklick". Erstaunlich. Das angesagte Führungsinstrument heißt jetzt Notebook oder Laptop. Dieses „Tool" ist top bis ins Top-Management und findet auch im Flugzeug seinen Platz. Kein Business ohne Internet. Rechner und Vernetzung haben ein neues Zeitalter eingeläutet. Auch die Fluggesellschaften müssen mit der Zeit gehen. Aber das sind sie ja gewohnt. Und das Betreten von Neuland ist von je her eine Lufthansa-Spezialität. Erinnern wir uns an den zuerst bei der Lufthansa als obligatorisch eingeführten Instrumentenflug. Klar, dass die neue Herausforderung angenommen wird. Das Internet wird schon bald an Bord kommen und E-Mails vom Himmel.

Internationalität ist für die Lufthansa tägliches Geschäft. So kann man auch ganz selbstverständlich auf der Party des Jahres in Hannover Flagge zeigen.

Der Aufsichtsrat verlängerte wegen herausragender Leistungen das Mandat des Vorstandsvorsitzenden Jürgen Weber bis in das Jahr 2003. Für das Jahr 2000 konnte die Konzernbilanz noch einen schönen Gewinn von 1,2 Milliarden Euro ausweisen. Der Winterflugplan 2000 wies erstmals Code-Share-Flüge mit Air China aus.

Der schwärzeste Tag in der Luftfahrtgeschichte

Das Jahr 2001 begann eigentlich ganz erfreulich – Lufthansa konnte im Januar den fünfmillionsten Teilnehmer bei miles&more begrüßen. Im März des Jahres firmierte die C & N Touristik AG in Thomas Cook AG, zweitgrößter deutscher Touristik Konzern mit 85 Flugzeugen und 30.000 Mitarbeitern, um. Diese Konstruktion sollte den veränderten Marktgegebenheiten Rechnung tragen. Im März 2001 kam es zum Arbeitskampf mit Warnstreiks zwischen Lufthansa und der „Vereinigung Cockpit". Ex-Außenminister Genscher musste

schlichten. Neue Kooperationen zwischen Lufthansa und weiteren kontinentalen Fluggesellschaften erhielten das Plazet der Brüsseler Wettbewerbsbehörde. Alles ging reibungslos seinen gewohnten Gang. Bis zum September des Jahres.

Der 11. September ist ein geschichtliches Datum: Vier Verkehrsflugzeuge wurden in den USA entführt, zwei nahmen Kurs auf das World Trade Center in New York und brachten die 400 m hohen Türme zum Einsturz, „apokalypse now" live. Eine dritte Maschine jagte in das Pentagon, das vierte Flugzeug stürzte bei einem Kampf zwischen Entführern und Insassen auf freiem Feld ab. Auch Lufthansa-Partner United Airlines ist betroffen. Ein Albtraum ist wahr geworden, die Welt stand schockiert und fassungslos vor den Trümmern eines „amerikanischen Traumes". Arabische Selbstmordattentäter hatten den Nahost-Konflikt an den East River getragen.

Was für die USA zum Trauma wurde, stürzte den Weltluftverkehr in eine lang anhaltende Krise. Die Buchungszahlen gingen in den Keller, nur mit tiefen Einschnitten auch bei den Beschäftigten konnte die Lufthansa im Einvernehmen mit den Arbeitnehmervertretern den Schaden begrenzen und ein Fiasko verhindern.

In dieser enorm schwierigen Situation bewiesen Vorstand und Aufsichtsrat Weitblick, Vertrauen in die Zukunft und Mut. Obwohl Katastrophenalarm bei den Airlines herrschte, bestellte die Lufthansa bei Airbus Industries in Toulouse 15 Maschinen vom Typ Airbus A380-800. Der Kranich sollte ab 2007 am Leitwerk des größten Verkehrsflugzeuges aller Zeiten Flagge zeigen. Noch ist das Vorhaben der europäischen Flugzeugbauer Projekt.

Im Vergleich zum Super-GAU von 2001 entwickelte sich die von vielen gefürchtete Umstellung am 1. Januar 2002 auf die neue europäische Währung – den Euro – nicht zum Desaster. Sie ging problemlos über die Bühne, alle Systeme arbeiteten normal. Nicht nur der Euro war 2002 ganz neu, auch neue Kleider waren angesagt. 25.000 Lufthanseaten arbeiteten am Boden, in der Kabine und im Cockpit ab sofort im neuen Look. Die Lufthansa blieb nicht nur technisch auf der Höhe der Zeit – sondern auch modisch. Viel Aufmerksamkeit galt in diesen Monaten der IT-Technik. Man wollte der erste

Lufthansa-Uniform ab 2002

links:
Blick in die Vergangenheit: Das World Trade Center vor dem 11. September 2001

Weltpremiere

Im November 2002 war es soweit – die erste E-Mail von Bord eines Flugzeuges machte sich auf den Weg zum Empfänger. Abgeschickt wurde sie von einer Boeing 747-400 auf dem Weg von Frankfurt nach Washington. Nach weiteren Tests Anfang 2003 führte Lufthansa als erste Fluggesellschaft im Mai 2004 das nun erprobte System „Lufthansa Flynet" in den Routinebetrieb ein. Jetzt konnten die Fluggäste erstmalig per wireless LAN mit Laptop und anderen geeigneten Geräten den Zugang via Breitband ins Internet auch während des Fluges nutzen. Wieder einmal hatte die Lufthansa den Weg für neue Technologien am Himmel freigemacht.

Führungswechsel

Nach zwölf außerordentlich erfolgreichen Jahren in der Unternehmensführung wurde es Zeit für einen Wechsel. Schon seit längerem war klar, an wen Jürgen Weber den Staffelstab weitergeben wollte – der von Lufthansa-Technik gekommene Wolfgang Mayrhuber, stellvertretender Vorstandschef seit März 2002 – ist der designierte Nachfolger. Trotz Lungenkrankheit SARS und Krieg im Irak konnte Jürgen Weber auf der Bilanz-Pressekonferenz im März 2003 noch einmal ein angesichts der durch die genannten Ereignisse ausgelösten Turbulenzen im Luftverkehr insgesamt sehr positives Konzernergebnis für 2002 verkünden, obwohl auch Lufthansa durch Buchungsrückgänge und eine schwächelnde Konjunktur gebeutelt wurde und drastische Sparmaßnahmen ergreifen musste. Doch nun rückte der Tag des Wechsels an der Spitze der Lufthansa unaufhaltsam näher. Am 23. Juni 2003 übergab Jürgen Weber seine Aufgaben endgültig an Wolfgang Mayrhuber, der Generationswechsel war perfekt. Die Lufthanseaten wussten, was Weber für das Unternehmen geleistet hatte und brachten das bei der offiziellen Verabschiedung ihres Ex-Chefs mit Respekt und Dank deutlich zum Ausdruck.

Schlanke Strukturen, 50 Millionen Fluggäste

Zu den ersten Maßnahmen, die der neue Vorstandschef ergriff, gehörte die Verschlankung der Konzernstruktur. Vorstandssitze entfielen. In München ging der Flughafen in seine zweite Ausbauphase – mit Lufthansa-Beteiligung, die für Terminal 2 die Planung, die Finanzierung, den Bau und den Betrieb verantwortete. Erstmalig übernimmt eine Fluggesellschaft diese Aufgaben. Für den Frachtbereich wurde bereits im April 2002 eine weitere Allianz ins Leben gerufen, an der sich fünf Gesellschaften beteiligten. Am 1. Juni 2004 feierten Lufthansa und United Airlines das Jubiläum ihrer zehnjährigen Zusammenarbeit. Bei der Lufthansa begann bereits ab Mai des Jahres die Ausgabe neuer Aktien, die eine Kapitalerhöhung um 20 % brachten.

Im Dezember des Jahres konnte die deutsche Fluggesellschaft eine bemerkenswerte Zahl verkünden –

sein, der seinen Passagieren neue Kommunikationsmöglichkeiten direkt aus dem Flugzeug eröffnet.

unten links:
Mit unverkennbarem Respekt verabschieden die Lufthansa-Mitarbeiter ihren ehemaligen Chef. Er hat das Unternehmen sicher durch turbulente Zeiten geleitet.

unten rechts:
Jürgen Weber gibt den Stab weiter, Vorstandsvorsitzender Wolfgang Mayrhuber übernimmt.

die mehr als 50 Millionen beförderter Fluggäste in 2004 bedeuten Rekordergebnis in der Unternehmensgeschichte. Täglich stiegen fast 140.000 Passagiere irgendwo in der Welt in ein Lufthansa-Flugzeug. Auch derartige Größenordnungen hatten sich die Firmengründer dereinst wohl kaum vorstellen können. In den Anfangsjahren wäre man mit dieser Größenordnung von Fluggästen in einem Jahr zufrieden gewesen. Im Januar 2005 wurde ein neues Kapitel in der Geschichte der Verkehrsluftfahrt aufgeschlagen – der Roll-out des Airbus A380 in Toulouse eröffnete der Luftfahrt neue Dimensionen. Die Lufthansa wartet bereits auf dieses Flugzeug und wird das größte Verkehrsflugzeug der Welt auf entsprechend frequentierten Strecken als erste europäische Fluggesellschaft ab 2009 einsetzen. Der Flugplan für den Sommer 2005 verzeichnete wöchentlich 12.700 Flüge zu 177 Zielen in 73 Ländern.

Für das Geschäftsjahr 2005 vermeldete die Lufthansa bei einem Umsatz von 18,1 Milliarden Euro einen operativen Unternehmensgewinn von 577 Millionen Euro. Das bedeutet eine Steigerung gegenüber dem Vorjahr um 50,7 %. Befördert wurden 51,3 Millionen Fluggäste. Alle sechs Geschäftsfelder, die jetzt den Lufthansa-Konzern bilden, haben Gewinn erwirtschaftet – erstmalig seit 2001. Die Lufthansa fliegt auf Erfolgskurs und registriert ein kontinuierliches Wachstum.

Die Swiss kommt an Bord

Mit der Swiss leitet die Gesellschaft 2005 eine Partnerschaft ein, die schließlich in der vollständigen Integration der Schweizer Fluggesellschaft in den Lufthansa-Konzern 2007 abgeschlossen sein soll. Im Jahr 2005 erwarb die Lufthansa Anteile ihres Heimatflughafens durch Beteiligung an der Frankfurter Flughafengesellschaft „FRAPORT", dem börsennotierten Nachfolger der Flughafen AG (FAG).

Airbus A320 der Swiss International beim Start vom Flughafen Frankfurt. Einst hatte man als „Launching Carrier" bei der A310 kooperiert, jetzt wird die Partnerschaft noch bedeutend enger.

Der Konzern 2005
Geschäftsfelder

- **Passage**

  37.042 Mitarbeiter
- **Logistik**

  4.704 Mitarbeiter
- **Technik**

  17.864 Mitarbeiter
- **LSG Sky Chefs**

  28.295 Mitarbeiter
- **Touristik**

  23.954 Mitarbeiter
- **IT-Services**

  3.290 Mitarbeiter
- **Sonstige**

  1.108

Gesamt: 92.303 (o. Touristik)
per 31.12. 2005

Am 29. Oktober stand die A380 zum ersten Mal vor der Halle 5 der Lufthansa Technik AG auf dem Flughafen Frankfurt/Main.

Ein Ausblick

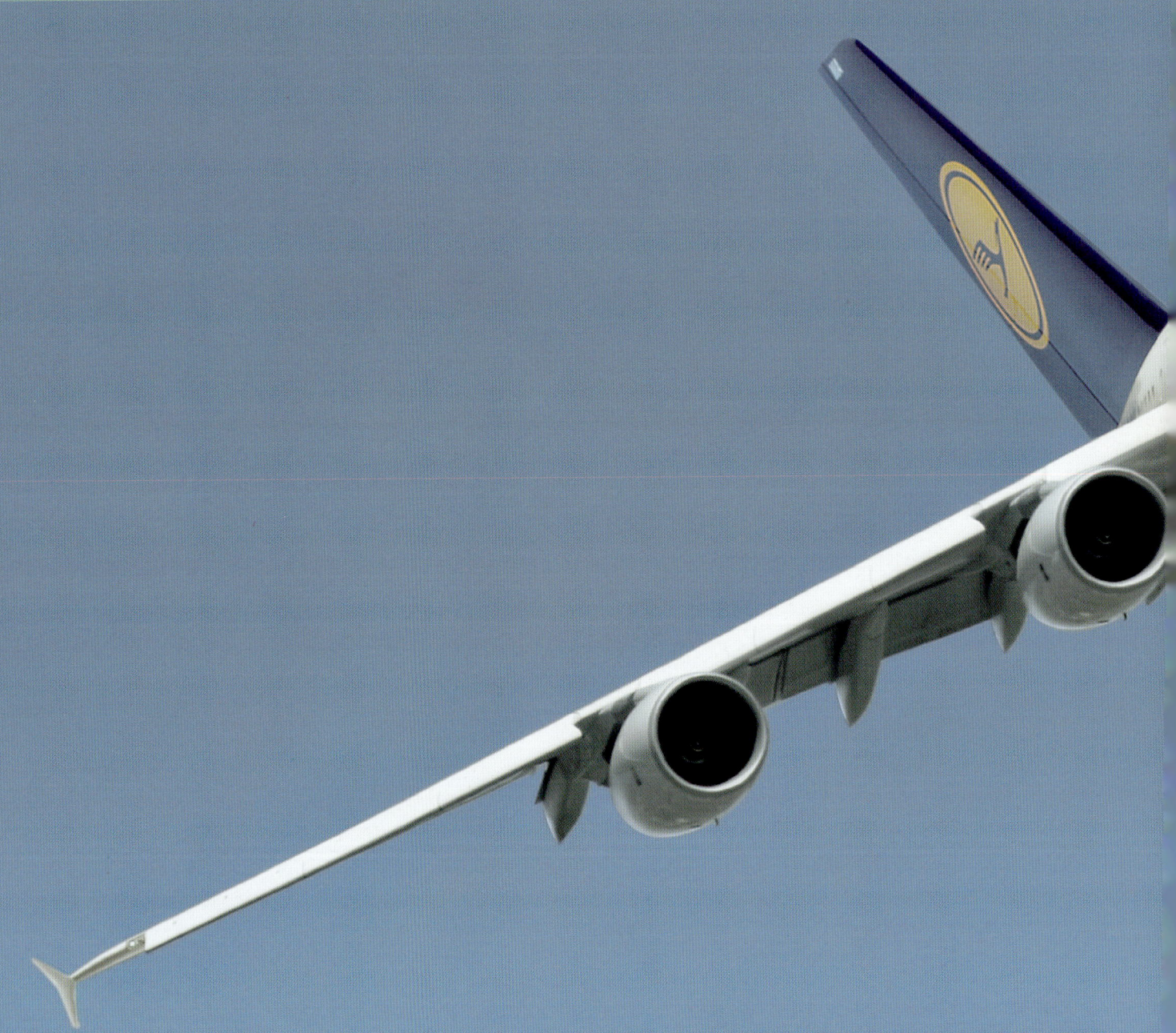

Ab 2009 in der Lufthansa-Flotte:
Der doppelstöckige Airbus A380

Die Wachstumsbranche

Noch immer ist der Luftverkehrsmarkt eine Wachstumsbranche. Er wächst mit 5 – 7% jährlich doppelt so schnell wie das Bruttosozialprodukt. Die Lufthansa verfügt heute über das dichteste Flugnetz in Europa und zählt als Fluggesellschaft zu den Spitzenunternehmen in der Welt. Gemeinsam mit den Partnern in der Star Alliance kann sie auch das größte globale Streckennetz anbieten. Der Flughafen München, an dem die Lufthansa beteiligt ist, konnte 2005 die Auszeichnung „bester Flughafen Europas" für sich erringen. München und Frankfurt sind die Knotenpunkte im Umsteigeverkehr. Sie zeichnen sich durch besonders kurze Umsteigezeiten aus. Auf dem IT-Sektor stehen für Buchungen über das Internet Innovationen vor ihrer Einführung die es erlauben werden, den Check-in und das Ausdrucken der Bordkarte direkt am heimischen Rechner vorzunehmen.

Neue Dimensionen

Mit dem Airbus A380 steht für die Fluggesellschaften eine neue Herausforderung vor der Tür. Das gilt auch für die Lufthansa. Dieses Riesenflugzeug verlangt neue, innovative Lösungen. Die 15 von der Lufthansa bestellten Maschinen sind für den Einsatz auf den stark frequentierten Strecken nach Asien und Nordamerika vorgesehen. Sie sind bei der Lufthansa für die Beförderung von 555 Fluggästen ausgelegt. Die angeflogenen Flughäfen müssen sich auf den Giganten besonders einstellen. So sind spezielle Gates erforderlich. Die Größe dieses Flugzeuges ist aber auch seine Achillesferse. Die enorme Kapazität limitiert den Einsatz – nur Strecken, die über ausreichend Passagieraufkommen verfügen, kommen für den Riesenflieger in Frage. Die Zahl solcher Strecken ist aber aus Lufthansa-Sicht begrenzt, was auch die Zahl der einsetzbaren Flugzeuge dieses Typs begrenzt. Hier liegt eine erhebliche Schwäche des Riesen. Die Zukunft wird erst noch erweisen müssen, ob der von der Marktforschung der Airbus Industries errechnete Bedarf für eine solche Maschine auf einer realistischen Grundlage gestanden hat. Es ist aus heutiger Sicht keineswegs gewiss, ob dieses Muster seinen Break-even-Point in Toulouse meistern kann. Wenn nicht, hat Airbus ein Problem, das weitaus gravierender ist, als bereits eingetretene Produktionsverzögerungen. Hier kann man vielleicht noch Zeit aufholen – wenn die erwarteten Stückzahlen nicht erreicht werden, wird es schwer werden für Airbus Industries. Die vorliegenden rund 160 Bestellungen derzeit erlauben noch keine fundierten Schlüsse über die zu erreichende Resonanz für dieses Flugzeug. Die Verzögerungen lassen sich vielleicht auch aus einem anderen Grund leichter verschmerzen: Wettbewerber Boeing hat von seinem angekündigten „Dreamliner" – der 787 – bis jetzt keine flugfähige Maschine bereit. Ob der angekündigte Erstflug termingemäß stattfindet, ist noch offen. Allerdings muss Airbus nun mindestens 420 Flugzeuge des A380 verkaufen, um die Gewinnschwelle zu überschreiten. Die Messlatte liegt – es wird schwer.

Schwer für Airbus wird es bei der A380 auch, weil ein weiteres gewichtiges Argument den Nutzen des Großflugzeuges limitiert: Wenn der A380-Einsatz auf stark beflogenen Strecken dazu führt, die Flugfrequenz zu senken, hat der Riese einen Pyrrhus-Sieg errungen. Denn der Fluggast, insbesondere der Geschäftsreisende, legt großen Wert auf Flexibilität, die bei einer Ausdünnung der Verbindungen auf der Strecke bleibt. Das wird der Markt nicht honorieren. Die Folge: Man muss also die Zahl der Verbindungen zu einer Destination beibehalten, gleichzeitig aber mehr Fluggäste für diese Strecke gewinnen. Ob diese Rechnung aufgehen wird, hat die A380 in der Praxis noch nicht unter Beweis stellen können. Warum sollten plötzlich auf einmal

Auf den „Riesenvogel" A380 müssen sich die Flughäfen erst einstellen. Für praxisnahe Simulationen unter Alltags-Bedingungen flog deshalb dieser Airbus A380 am 29. Oktober 2005 Frankfurt als ersten kommerziellen Flughafen an.

mehr Leute nach – beispielsweise – New York fliegen wollen? Die Kalkulation geht also nur auf, wenn es gelingt, Marktanteile von anderen Fluggesellschaften zu erobern. Ob das Argument „Airbus A380" mit seinem „mehr" an Komfort und Platz in dieser Hinsicht sticht, wird sich erst noch zeigen müssen. Seine Ankunft auf dem Markt wird auf jeden Fall den Kampf um Marktanteile verschärfen und kann auch zum Preiskampf führen, so wie bei der Einführung der Jets, die die Beförderungskapazität multiplizierten.

Die Star Alliance umfasste 2005 bereits 16 Partner. Diese strategische Ausrichtung auf den Ausbau der Allianzen hat sich bisher als richtig gezeigt. Weitere Partner stehen bereits vor der Tür, so traten 2006 SWISS und SAA (South African Airways) bei. Beim „miles & more"-Programm der Lufthansa hat man mittlerweile den zehnmillionsten Kunden registriert. Auch dieses Marketing-Instrument hat seine Tragfähigkeit bewiesen. Es ist das größte Vielfliegerprogramm in Europa und eines der erfolgreichsten Programme dieser Art in der Welt. Im Ranking der Fluggesellschaften belegt die Lufthansa vorderste Plätze: In der Passage liegt sie weltweit auf Platz 1 (Leistungsdaten 2002), bei Cargo belegt die Lufthansa den zweiten Rang unter den Fluglinien. Auch als Caterer serviert Lufthansa weltweit als die Nr. 1.

Quo vadis, Airlines? Wie geht es weiter?

Werden die Flugzeuge noch größer? Grundlegende Innovationen in der Luftfahrt sind derzeit nicht erkennbar, obwohl in den geheimen Entwicklungslabors der Militärs manches am Kochen sein kann. Hier ist vor allem Boeing im Vorteil, das große Mittel des Pentagons für Rüstungsaufgaben bekommt und damit auch teure Gedankenspiele finanzieren kann. Auch der große Airbus A380 hat von Verfahren profitiert, die in Kampfflugzeugen erstmals Anwendung fanden und beim großen Vogel aus Toulouse Gewicht sparten. Aber die schon angesprochene enorme Reichweite heutiger Langstreckenjets hat zwei Seiten. Flüge von fast 20 Stunden oder mehr in der engen Kabine können sich zur Tortur entwickeln. Zwischenlandungen hatten wir schon, das bringt keine Lösung. Aber manches spricht dafür, dass die Renaissance des Überschalljets vielleicht nicht mehr so lange auf sich warten lässt. Der Bedarf scheint da zu sein, ein wide body mit Überschall

hat große Chancen, wenn Probleme wie beispielsweise der Überschallknall bei Flugzeugen dieser Dimensionen eine Lösung finden.

Die „alte" und die „neue" Lufthansa

Als die Lufthansa 2005 ihr 50-jähriges Jubiläum feierte, bewegte sie sich auf dünnem Eis, denn die Unterscheidung zwischen „alter" und „neuer" Lufthansa ist ein recht rutschiger Akt. Natürlich, die erste Lufthansa wurde 1965 endgültig liquidiert und die zweite Lufthansa ist nicht ihr Rechtsnachfolger. Sie ist eine neue Gesellschaft. Juristisch betrachtet ist alles sonnenklar. Aber was ist neu? Keimzelle der „neuen" Lufthansa ist das Büro Bongers. Hans Bongers aber ist ein alter Lufthanseat, der schon als Verkehrsleiter bis Kriegsende unter dem Kranich gedient hatte. Der Name, Hausfarben und Kranich-Logo betonen die enge Verbindung an die letztlich eigene Vergangenheit. Am Anfang der Lufthansa nach 1955 steht erst einmal viel altgedientes Personal – am Boden, in der Luft, in der Organisation. Wo sonst sollte man die Fachleute herbekommen? Allein diese Kontinuität des Personals und die genannten weiteren grundlegenden Faktoren belegen, dass es eine „neue Lufthansa" nach 1955 nur bedingt gegeben hat.

Die Lufthansa nach 1955 ist die unzweifelhafte Fortsetzung des bis 1945 existierenden Unternehmens. Sie endete 1945 als Staatsbetrieb und begann zehn Jahre später erneut als Staatsbetrieb. 2006 hätte die Lufthansa korrekterweise ihr 80-jähriges Bestehen feiern können. Das Fünfzigjährige in 2005 entspricht nicht der ganzen Geschichte. Die neue Lufthansa ist die Fortführung der Lufthansa der Jahre 1926–45 mit altgedienten Lufthanseaten, Markenzeichen, Firmennamen. Warum hätte man auf diesen Qualitätsbegriff, den man sich schon in den frühen Jahren der Zivilluftfahrt mühsam und unter Opfern erworben hatte denn auch verzichten sollen? Man hat bewusst angeknüpft an Traditionen, um auf das Ansehen und die sonstigen „Values", die mit dem guten Namen verbunden waren, weiter aufbauen zu können. In Deutschland gab und gibt es daher im Grunde nur eine Fluglinie mit dem Kranich. Und die Geschichte dieses Unternehmens reicht von 1926 bis heute.

Das längste Verkehrsflugzeug
der Welt – die A340-600 mit
ihren 75,27 m wirkt fast
schon zerbrechlich wie ein
Bleistift. Noch weiter „stret-
chen" ist wohl kaum mehr
denkbar und eine „Stretch"-
Version der doppelstöckigen
A380 schafft voraussichtlich
mehr Probleme als Lösungen.
Die A340-600 fliegt seit 2003
bei der Lufthansa.

Ab 2009 von Deutschland in
die Welt: Der Airbus A380 in
Lufthansa-Bemalung

Eine Böe in Orkanstärke erfasst am 24. April 1927 eine Junkers F 13 bei der Notlandung im Wattenmeer bei Juist und zerstört das Flugzeug. Alle fünf Insassen kommen ums Leben.

Erster Unfall mit Messerschmitt M 20: Beim Landeanflug auf Dresden stürzt eine Maschine am 6. Oktober 1930 ab. Pilot, Funker und sechs Fluggäste sterben. Ein weiterer M-20-Unfall am 14. April 1931 kostet zwei Besatzungsmitgliedern das Leben.

Augenmaß bewahren

Auch die Lufthansa musste Niederlagen hinnehmen, gerade beim Betreten technischen Neulandes schreitet das Unglück schnell, schlagen auch kleine Fehler oder Versäumnisse unbarmherzig zu Buche. Obwohl eine der sichersten Fluggesellschaften der Welt hat die Lufthansa Tribut zahlen müssen.

Im Laufe der Jahrzehnte blieb die Bilanz nicht ungetrübt, von Unfällen war auch die deutsche Prestige-Airline betroffen. Niemand ist unfehlbar – man sollte sich aber vor Augen halten, wie die Relationen wirklich aussehen: 140.000 Fluggäste täglich, deutlich mehr als 50 Millionen Passagiere jährlich, nahezu unzählige Menschen sind seit der Neugründung 1955 mit der Kranichlinie sicher geflogen.

Welch traurigen Zahlen hat demgenüber in den letzten fünf Dekaden der Straßenverkehr aufzuweisen ... Das Flugzeug bleibt das sicherste Verkehrsmittel der Welt – und bei der Lufthansa ganz besonders.

Die Arado V 1 hat beim
Rückflug von Teneriffa am
19. Dezember 1929 im Blindflug Bodenberührung. Zwei
der drei Besatzungsmitglieder sind sofort tot.

Am 26. November 1938 sterben zwölf Insassen in Bathurst/Banjui, als die Ju 90
„Preußen" beim Start in die Baumkronen rast. Auch die Flugpioniere Blanken-
burg und Untucht verlieren ihr Leben. Durch Vereisung des Leitwerks stürzt am
8. November 1940 die Ju 90 „Brandenburg" bei Dresden ab. 29 Insassen finden
den Tod.

Eine Super Constellation stürzt in Rio de Janeiro am 11. Januar 1959 ab. Keiner der wiederum 29 Insassen überlebt.

Eine Convair CV 440 stürzt am 28. Januar 1966 bei Bremen ab. Alle 46 Personen an Bord sterben – darunter die komplette Fußballmannschaft von Manchester United.

Beim Start in Nairobi stürzt am 14. Januar 1974 die Boeing 747 „Hessen" ab. 58 der 155 Insassen kommen um.

Ein Fehler der Flugsicherung kostet die dreiköpfige Besatzung des 707-Frachters „Essen" am 26. Juli 1979 bei Rio das Leben.

Am 14. September 1993 schießt ein Airbus A320 bei strömendem Regen durch Aquaplaning über die Landebahn des Warschauer Flughafens hinaus. Zwei Menschen sterben.

Die Lufthansa-Flotte heute

KONZERNFLOTTE

**Lufthansa AG, Lufthansa Cargo, Lufthansa CityLine,
Air Dolomiti, German Wings, Eurowings   (per 31.12.2006)**

Hersteller	Typ	Anzahl	Bemerkungen
Airbus	A300	14	
Airbus	A310	4	
Airbus	A319	39	
Airbus	A320	39	
Airbus	A321	26	
Airbus	A330	10	
Airbus	A340	42	
Airbus	A380	0	Einsatz ab 2009
Boeing	737	63	
Boeing	747	30	
Boeing	MD 11 F	19	Von der DC 10 abgeleiteter Frachter
Canadair	Regional Jet	78	komplett Eurowings
ATR		29	
Avro	RJ 85	18	Lufthansa City Line
Bae	146	19	Lufthansa /Air Dolomiti/Eurowings
Summe		430	

Anmerkung: Ausführliche Details und technische Daten der Flotte und der eingesetzten Flugzeuge sowie der Sitzkonfigurationen finden sich auf den hinteren Seiten des
halbjährlich erscheinenden Lufthansa-Flugplans, der in den meisten Reisebüros
kostenlos erhältlich ist.

Zwei Techniker installieren die
FLYNET Antenne für das Internet
auf einem Airbus A 340-300.

Lufthansa. Chronologie und Daten

6. Januar 1926	Gründung der Deutschen Luft Hansa Aktiengesellschaft im Hotel „Kaiserhof" in Berlin
26. Januar 1927	Das Condor Syndikat erhält als erste Fluggesellschaft eine Konzession des brasilianischen Staates
30. Juni 1933	Umfirmierung in „Deutsche Lufthansa Aktiengesellschaft"
8. Mai 1945	Mit der Kapitulation des Reiches endet auch die Existenz der Lufthansa. Bau und Betrieb von Flugzeugen ist Bürgern deutscher Staatsangehörigkeit verboten
20. Mai 1951	Der Bundesverkehrsminister beauftragt das „Büro Bongers" mit „Beratungen"
1. April 1955	Mit einer Sondergenehmigung nimmt die Lufthansa den innerdeutschen Linienverkehr auf
5. Mai 1955	Die Bundesrepublik erhält mit den „Pariser Verträgen" ihre Souveränität und damit auch die Lufthoheit zurück
8. Juni 1955	Eine Super Constellation der Lufthansa startet zum ersten Nordatlantikflug nach dem Kriege. Lufthansa-Basis für Interkontinentalflüge wird allmählich Frankfurt am Main
1. November 1961	Die 1955 gegründete „Deutsche Flugdienst GmbH" firmiert jetzt als „Condor Flugdienst GmbH"
27. September 1965	Die Vorkriegs-Lufthansa wird formell endgültig liquidiert
31. März 1971	Die Propeller-Ära bei der Lufthansa ist mit dem Ausmustern der Vickers Viscount 814 beendet
31. Dezember 1975	Lufthansa befördert erstmalig mehr als 10 Millionen Passagiere in einem Jahr
1. Januar 1979	Lufthansa führt auf der Nordatlantikstrecke die „Business Class" ein
27. März 1982	Lufthansas neueste Schiene: Der „Airport Express" nimmt Fahrt auf
24. Juni 1988	Lufthansa und DDR-Interflug kooperieren bei der Wartung von Interflug Airbussen
28. Dezember 1989	Erstmalig über 20 Millionen Fluggäste bei der Lufthansa in einem Jahr
28. Oktober 1990	Erster Linienflug der Lufthansa nach 45 Jahren nach Berlin
17. Mai 1992	Eröffnung des zweiten Lufthansa-Drehkreuzes im Erdinger Moos bei München
23. Mai 1993	Der Lufthansa Airport Express stellt nach 11 Jahren den Betrieb ein
Dezember 1996	Der Bund verkauft sein letztes Aktienpaket von 35,7 % an die Kreditanstalt für Wiederaufbau. Nach 31 Jahren mit Beteiligung des Bundes ist die Lufthansa jetzt erstmalig in ihrer Existenz kein Staatsunternehmen mehr
14. Mai 1997	Die „Star Alliance" wird gegründet
17. September 1997	Karstadt und Lufthansa legen ihre touristischen Aktivitäten zusammen: Die C&N Condor Neckermann Touristik AG entsteht
27. Juni 2001	Aus C&N Touristik wird Thomas Cook AG
November 2003	Erstmals verlässt eine E-Mail ein Flugzeug. Sie kommt von der Lufthansa Boeing 747 „Sachsen-Anhalt" auf dem Weg nach New York
17. Mai 2004	Lufthansa „Flynet" nimmt den Dienst auf

Dezember 2004	Lufthansa befördert erstmals mehr als 50 Millionen Passagiere in einem Jahr
Februar 2005	Im Sommerflugplan sind 177 Lufthansa-Ziele in 73 Ländern verzeichnet. Die Lufthansa bietet jetzt innerhalb der Star Alliance 12.700 Flüge wöchentlich
9. Februar 2007	Lufthansa gibt 50%ige Beteiligung an Thomas Cook an Karstadt Quelle ab.

Personen-, Sach- und Ortsregister

Bildnachweis

EADS Corporate Heritage München

Dornier-Archiv Friedrichshafen

Deutsche Lufthansa AG Bildredaktion und Dokumentation Frankfurt

Technik-Museum Hugo Junkers Dessau

Bert Hartmann Luftarchiv Mannheim

Askania Berlin

Berliner Flughäfen

Sammlung Miertsch, Teupitz

Sammlung Werner, Radebeul

Thomas Cook, Oberursel

Quellen- und Literaturangaben

Joachim Wölfer
Von der Junkers F 13 zum Airbus
Verlag E.S. Mittler & Sohn. Berlin/Bonn/Herford 1994

Junkers
Festschrift Hugo Junkers zum 70. Geburtstag
VDI-Verlag Berlin, Berlin 1929

Karl Grieder
Zeppelin –Dornier – Junkers
Desertina-Verlag, Disentis 1989

Richard Blunck
Hugo Junkers
Wilhelm Limpert Verlag Berlin, Berlin 1940

Günter Schmidt
Junkers und seine Flugzeuge
Transpress VEB Verlag f. Verkehrswesen, Berlin 1986

Ludwig Bölkow
„Ein Jahrhundert Flugzeuge"
VDI-Verlag, Düsseldorf 1990

Wolfgang Wagner
Kurt Tank, Konstrukteur u. Testpilot bei Focke-Wulf
Bernard & Graefe, München 1980

Armand van Ishoven
Willy Messerschmitt: Der Konstrukteur und seine Flugzeuge
Pawlak, Herrsching o. J.

Dornier
Die Chronik des ältesten deutschen Flugzeugwerkes
Aviatik, Oberhaching 1985

Jörg Armin Kranzhoff
Arado
Geschichte eines Flugzeugwerkes
Aviatik, Oberhaching 1955

Die Zeit im Flug
Eine Chronologie der EADS
München 2003

Thorwald
Ernst Heinkel
Stürmisches Leben
Firmen u. Familiengeschichte des Ernst Heinkel
Mundia Verlag, Stuttgart o. J.

Bukowski/Griehl
Junkers Flugzeuge von 1933 – 1945
Dörfler, Eggolsheim 1991

R. Braunburg
Geschichte der Lufthansa
Rasch & Röhring, Hamburg 1991

T. van Beveren
Runter kommen sie immer
Campus, Frankfurt 1997

Elke Dittrich
Der Flughafen Tempelhof
Lukas-Verlag, Berlin 2005

Zeit im Fluge
Deutsche Lufthansa,
Köln 1990, 2002, 2005

Lufthansa Geschäftsbericht 2004, 2005

Giganten der Luftfahrt

Achim Figgen · Karl Morgenstern
Dietmar Plath

A380
Geschichte, Technik und Einsatz
des Mega-Airbus

GeraMond

ISBN 978-3-7654-7006-2

Achim Figgen
Dietmar Plath

BOEING
Verkehrsflugzeuge
Von den Anfängen bis zur 787

GeraMond

ISBN 978-3-7654-7048-6

Das komplette Programm unter www.geramond.de

GeraMond